Das Vichy-Regime

Marc Olivier Baruch

Das Vichy-Regime

Frankreich 1940–1944

Aus dem Französischen übersetzt
von Birgit Martens-Schöne

Für die deutsche Ausgabe bearbeitet
von Stefan Martens

Mit 8 Abbildungen und 1 Karte

Philipp Reclam jun. Stuttgart

Titel der französischen Originalausgabe:
Marc Olivier Baruch: Le régime de Vichy.
Paris: Éditions La Découverte, 1996. (Repères. 206.)

Die Ausgabe wurde gefördert vom französischen
Ministerium für Kultur.

Universal-Bibliothek Nr. 17021

Umschlagabbildung:
Marschall Philippe Pétain, französischer Staatschef 1940–44,
Propagandaplakat von 1940
(Foto: Archiv für Kunst und Geschichte, Berlin)
Gesamtherstellung: Reclam, Ditzingen. Printed in Germany 2000

ISBN 3-15-017021-4

Inhalt

IV

Weichenstellung: Das Regime bis zum November 1942

83

V

Vichy regiert

110

VI

Das Regime nach der Wende vom November 1942

144

VII
Vichy und die Franzosen
169

Einführung: Was ist Vichy?

Nur wenige Monate vergehen, ohne daß – sei es in Form eines Buches, eines Kolloquiums, einer Gerichtsverhandlung oder eines Nachrufes – das Vichy-Regime wieder in den Vordergrund tritt. Doch obwohl mehr als fünfzig Jahre seit dem Ende des *État français* vergangen sind, obwohl Tausende von Büchern über seine wichtigsten Akteure geschrieben wurden und jede nur erdenkliche Fragestellung an diese etwa fünfzig Monate zwischen dem Ende der III. Republik und der Befreiung herangetragen wurde, ist man noch weit von einer endgültigen Bewertung dieses Regimes entfernt, dessen Symbol Marschall Philippe Pétain ist.

In jedem Fall ist es sehr viel besser erforscht als noch vor dreißig oder vierzig Jahren. Trotzdem erlebt das Regime heute – und dies ist eine bittere Pille für all diejenigen, die glaubten, durch die immer detailliertere Kenntnis der Epoche ihr Gespenst auf immer vertreiben zu können – auf paradoxe Weise eine Aufwertung, die manchmal schon an eine Rehabilitierung grenzt.

Dafür gibt es verschiedene und für jeden sichtbare Gründe: Die letzten Zeitzeugen sterben, die heute regierenden Politiker sind zu jung, um als Erwachsene den Zweiten Weltkrieg erlebt zu haben, und die jüngsten Veränderungen auf der Europakarte zeigen, daß die Zeit von Jalta inzwischen endgültig vorbei ist. Diese Tatsachen erklären das Wiederaufleben der Debatte um die Vergangenheit, die zwar keineswegs allein in Frankreich stattfindet, die hier aber durch weitere Ereignisse besonders aktuell geworden ist. So hat Frankreich im Mai 1995 mit Jacques Chirac einen Mann zum Staatspräsidenten gewählt, der aus der gaullistischen Bewegung stammt, Vichy aber nicht mehr aus eigener

Anschauung kennt; zugleich erlebt das Land die Konsolidierung einer starken extremen Rechten.

Die Beurteilung der einzigen französischen Regierung der jüngsten Geschichte, in der diese Rechte an der Macht war, wird so zu einer erstaunlich lebendigen politischen Frage. Aber es ist auch eine Frage nach der Art der Erinnerung, da den Machthabern des *État français* die Verantwortung für die Ereignisse zwischen 1940 und 1944 niemals eindeutig zugewiesen worden ist. Erst im Juli 1995 erkannte ein Präsident der Republik erstmals offiziell die – historisch unbestreitbare – Tatsache an, daß der Staatsapparat des *État français* freiwillig bei den Judenrazzien des Sommers 1942 mitgewirkt hatte.

Unsere Epoche, die so rasch bei der Hand ist, den Staat von seinem Podest zu holen und die Politik in Zweifel zu ziehen, stellt nun auch Fragen nach der Verantwortung derjenigen, die in jener Zeit die Macht in den Händen hielten. Ganz selbstverständlich wird dabei die Passivität, um nicht zu sagen die Komplizenschaft, hervorgehoben, die die Eliten damals gegenüber den antirepublikanischen Auswüchsen des Regimes an den Tag legten. In der Kontinuität der Fragen, die Hannah Arendt vor nunmehr dreißig Jahren stellte (Arendt, 1964),[1] konzentriert sich die ethische Dimension der historischen Debatte auf die Frage nach der »Banalität des Bösen«. Die Erinnerung an Vichy ist folglich weit von einer gelassenen Betrachtung entfernt (Rousso, 1987). Daher sollen, bevor die Politik und die Geschichte dieses Regimes dargestellt werden, zunächst die Debatten in Erinnerung gerufen werden, die innerhalb der Historikerzunft entbrannt sind: Debatten, von denen eine breite und sich beständig wandelnde Geschichtsschreibung Zeugnis ablegt, über die auch auf einem 1990 vom *Centre National*

1 Die Angaben in runden Klammern verweisen auf die Bibliographie am Ende des Buches.

de la Recherche Scientifique (CNRS) zum Thema »Vichy und die Franzosen« organisierten Kolloquium diskutiert wurde (Azéma/Bédarida, 1992).

Die Debatte entzündete sich zunächst an der Frage nach der Natur des Regimes, die ganz verschieden gesehen werden kann, je nachdem, ob der Akzent auf die Brüche oder aber auf die Kontinuitäten gelegt wird. Wenn man Vichy als ein logisches Ergebnis der III. Republik in ihrer »starken« Variante unter Édouard Daladier ab Mitte 1938 sieht, wird man den Einfluß betonen, den die administrativen und technischen Eliten der Republik im *État français* ausübten. Man wird hervorheben, daß bereits die Republik Ausländer, damals vor allem spanische Flüchtlinge, in Lagern unterbrachte und daß auch sie Ausgrenzung betrieb, so gegenüber den Mitgliedern der kommunistischen Partei nach der Unterzeichnung des Hitler-Stalin-Paktes einige Tage vor dem Kriegsausbruch im September 1939. Andererseits kann man, ohne die Elemente der Kontinuität zu leugnen, darauf hinweisen, daß die Umstände des Jahres 1940 ganz außergewöhnlich waren, und so die Elemente des Bruches betonen. Die Ursache für diesen Bruch liegt nicht nur in einem offensichtlich zerrütteten Umfeld – dem eines besetzten Frankreich nach einer in diesem Ausmaß noch nie dagewesenen Niederlage –, sondern auch in dem Willen der neuen Machthaber, sich ganz und gar vom republikanischen Staat abzugrenzen.

Aus dieser Debatte entwickelte sich eine neue über die politische Klassifikation des Regimes. Der Bedeutungsverlust der marxistischen Lesart hat die Debatten, ob Vichy faschistisch war oder nicht, in den Hintergrund treten lassen. Ein autoritäres Regime, aber ohne Einheitspartei, mehr vom korporatistischen und katholischen Modell nach dem Vorbild Portugals unter Salazar geprägt als vom völkischen und heidnischen Totalitarismus Nazi-Deutschlands, ist Vichy weniger eine Spielart des Faschismus als eine Form der Diktatur mit einer starken militärischen Komponente. Bereits in den fünfziger Jahren hoben die Pionierarbeiten von Stanley Hoffman (Hoffman, 1963 und 1974) aber auch dessen heterogenen Charakter hervor. Die Historiker haben diese Analyse seitdem erheblich weiterentwickelt, indem sie die Konflikte zwischen den diversen Tendenzen, die von 1940 bis 1944 an der Macht waren, genauer untersucht haben.

Juristen wie Politiker hingegen charakterisieren die Situation gern mit der Formel, daß Vichy ein legales Regime mit illegitimem Ursprung sei. Diese Antithese bildete die Grundlage der gaullistischen Strategie nach 1945. Ihr Ziel war es, ein zerrissenes Frankreich wieder zusammenzuführen, aber sie ist zu manichäisch, als daß sie das Verständnis der Periode erleichtern würde. Sie führt vielmehr dazu, die Verantwortung zu leugnen: Wenn Vichy nicht Frankreich war, dann konnte man die vier Jahre des *État français* tatsächlich einfach »aus unserer Geschichte streichen«, wie es der Titel der Memoiren des Oberstaatsanwaltes im Pétainprozeß, André Mornet, im Jahre 1945 suggerierte. Doch Geschichte schreibt sich nicht einfach mit ein paar Federstrichen um. In Frankreich waren zwischen 1940 und 1944 Männer an der Macht, die sicherlich mit einer außergewöhnlich schwierigen Situation konfrontiert waren, aber sie hatten auch klare Überzeugungen, aus denen sie eine eigene Politik formten, die wiederum zu bewußten Entscheidungen führte. Die beiden wichtigsten, die bereits in den ersten zwei Monaten des Regimes fielen, waren die sogenannte *Révolution nationale* (»Nationale Revolution«) und die Kollaboration.

Hier liegt auch der Ursprung einer dritten Debatte. In der Fortführung der Argumentation von Robert Aron (1954) wurde die Kollaboration zunächst als das kleinere

Übel dargestellt, das Frankreich letztendlich zum Vorteil gereicht habe. Man übernahm damit die Lieblingstheorie der Anhänger Vichys aus der Kriegs- und Nachkriegszeit, die in Pétain den schützenden »Schild« sah, der eine unverzichtbare Ergänzung zum »Schwert« de Gaulles gewesen sei. Diese These brauchte als natürliche Ergänzung die Unterscheidung zwischen einem frühen Vichy, dem der guten Absichten, dem Vichy Philippe Pétains, und – im Gegensatz dazu – dem finsteren Vichy eines kollaborierenden Pierre Laval, der Frankreich über jedes vernünftige Maß hinaus in Zugeständnisse an die Deutschen hineingetrieben habe.

Die zeitgenössische Geschichtsschreibung hat, gestützt auf die Archive, diese Theorien seit zwanzig Jahren weitgehend aufgegeben und statt dessen die Geradlinigkeit des Regimes, zumindest während der ersten beiden Jahre, hervorgehoben, wo es als Bittsteller selbst die Kollaboration anbot (Jäckel, 1966; Paxton, 1972; Azéma, 1979). Dennoch gewinnen diese Thesen heute wieder an Bedeutung (Dreyfus, 1990). Die hohen Beamten jener Jahre, die die Justiz zur Rechenschaft ziehen möchte, verweisen in ihrer Verteidigung auf die Vorteile, die ihre Schutzbefohlenen aus der Kollaboration zogen, während die Nachsicht der Öffentlichkeit gegenüber Marschall Pétain entscheidend geprägt wird von dem Bild, das diesen als guten König zeigt, der von schlechten Ministern umringt ist. Von dort ist es nur noch ein kleiner Schritt, bis man in der Nationalen Revolution einen Kanon von guten Ideen sieht, die durch einen zweifelhaften Kontext pervertiert wurden.

Ohne aus Vichy ein einheitliches Ganzes machen zu wollen, glauben die anderen – darunter auch der Autor dieses Buches –, daß das letztendliche Abdriften des Regimes, das, außer bei einigen Ewiggestrigen, ein überwiegend düsteres Licht auf diese Zeit wirft, seine Ursache zu einem guten Teil in den ersten grundsätzlichen Entscheidungen hat, auf die deshalb besonders gründlich und detailliert eingegangen werden muß. Sie verweisen dabei auf die Schnelligkeit, mit der die Ereignisse aufeinanderfolgten, und somit auf die Notwendigkeit, die Chronologie dieser fünfzig Monate, die in die Geschichte Frankreichs wieder eingefügt werden müssen, immer genau zu beachten. Insofern darf man – wie schon ein Blick in die Zeitungen jener Zeit nahelegt, in denen die militärischen Operationen meist die gesamte Titelseite einnahmen – die Auswirkungen des Kriegsverlaufs auf die innere Entwicklung des *État français* nicht unterschätzen. Die kriegerischen Ereignisse sind der Hintergrund, den man keinesfalls vergessen darf, wenn man Vichy verstehen will.

Zeittafel

Zweiter Weltkrieg	Vichy
1939	
23. August: Unterzeichnung des Hitler-Stalin-Paktes.	
1. September: Die deutschen Truppen marschieren in Polen ein.	
3. September: Großbritannien und Frankreich erklären Deutschland den Krieg.	
1940	
10. Mai: Beginn der deutschen Offensive im Westen.	
10. Juni: Italien erklärt Frankreich den Krieg.	
14. Juni: Die Deutschen marschieren in Paris ein, das die französische Regierung am 10. verlassen hat.	
	17. Juni: Marschall Pétain wird als Nachfolger von Paul Reynaud letzter fränzösischer Ministerpräsident der III. Republik.
25. Juni: Inkrafttreten des deutsch-französischen sowie des italienisch-französischen Waffenstillstandsvertrages.	

3. Juli: Die in Mers el-Kébir nahe Oran vor Anker liegende französische Flotte wird von der britischen *Royal Navy* versenkt.

10. Juli: Abstimmung über die unbeschränkten Vollmachten.

11. Juli: Gründung des *État français*. Staatschef: Philippe Pétain.

17. Juli: Gesetz, das Staatsbedienstete, deren Väter nicht Franzosen waren, vom Verwaltungsdienst ausschließt.

13. August: Beginn der Luftschlacht um England (Abbruch im Januar 1941).

29. August: Gründung der *Légion française des combattants*.

23.–25. September: De Gaulle scheitert bei dem Versuch, mit britischer Unterstützung in Dakar zu landen.

3. Oktober: Erstes Judenstatut.

12. Oktober: Hitler verzichtet auf eine Landung in England.

24. Oktober: Pétain trifft mit Hitler in Montoire zusammen.

13. Dezember: Laval wird von Pétain entlassen.

1941

9. Februar: Darlan wird zum Vizepräsidenten des Ministerrates ernannt.

12. Februar: Ankunft von General Rommel in Libyen.

2. März: Deutsche Truppen besetzen Bulgarien.

29. März: Gründung des Generalkommissariats für Judenfragen.

6. April: Die Deutschen marschieren in Jugoslawien und Griechenland ein.

27. Mai – 6. Juni: Unterzeichnung der Pariser Protokolle durch Darlan, dann Ablehnung durch die Regierung.

Juni – Juli: Kämpfe um Syrien zwischen vichytreuen Franzosen auf der einen sowie Engländern und Gaullisten auf der anderen Seite.

2. Juni: Zweites Judenstatut.

22. Juni: »Unternehmen Barbarossa«: deutscher Angriff auf die Sowjetunion.

16. Juli: Fall von Smolensk.

18. Juli: Gründung der *Légion des volontaires français* (LVF).

12. August: Pétains Rede vom »Widrigen Wind«.

14. August: (Vordatierte) Gründung von Sonderkammern der Gerichte.
21. August: Fabien erschießt den deutschen Marineverwaltungsassistenten Moser.

19. September: Fall von Kiew.
16. Oktober: Fall von Odessa.

22.–23. Oktober: 98 französische Geiseln werden von den Deutschen erschossen.

3. November: Fall von Kursk.
5./6. Dezember: Beginn der sowjetischen Gegenoffensive. Der deutsche Vormarsch kommt vor Moskau zum Stehen.
7. Dezember: Die japanische Luftwaffe versenkt die amerikanische Pazifikflotte in Pearl Harbor.
8. Dezember: Kriegserklärung der Vereinigten Staaten und Großbritanniens an Japan.
11. Dezember: Deutschland und Italien erklären den Vereinigten Staaten den Krieg.
19. Dezember: Hitler übernimmt den Oberbefehl über das Heer.

1942

15. Februar: Einnahme von Singapur durch die Japaner.

19. Februar: Eröffnung des Prozesses von Riom.

1. März: Hitler ernennt Fritz Sauckel zum Generalbevollmächtigten für den Arbeitseinsatz.

18. April: Laval wird zum Regierungschef ernannt.

5. Mai: Die Engländer landen in Madagaskar.

6. Mai: Ende des amerikanischen Widerstandes auf den Philippinen.

6. Mai: Darquier de Pellepoix ersetzt Xavier Vallat als Generalkommissar für Judenfragen.

11. Juni: Erster militärischer Erfolg der *Forces françaises libres* (FFL) unter General Kœnig bei Bir-Hakeim.

22. Juni: Laval kündigt die *Relève* an und erklärt, daß er den Sieg von Deutschland wünsche.

16.–17. Juli: Verhaftung der Pariser Juden, die in einer Radsporthalle zusammengepfercht wurden, die sog. *rafle du Vel d'hiv.*

August: Razzien in der südlichen Zone.

3. September: Beginn der Schlacht um Stalingrad.

22. Oktober: Englische Gegenoffensive in Ägypten.

3. November: Niederlage Rommels bei El-Alamein.

8. November: Alliierte Landung in Nordafrika (*Operation Torch*).

11. November: Besetzung ganz Frankreichs durch deutsche und italienische Truppen.

15. November: Darlan übernimmt in Algier die Macht.

17. November: Beginn der Kämpfe zwischen alliierten und deutschen Truppen in Tunesien.

17. November: Laval erhält die Vollmacht, Gesetze und Erlasse allein zu unterzeichnen.

27. November: Selbstversenkung der französischen Flotte in Toulon.

26. Dezember: General Giraud wird Nachfolger von Darlan, der zwei Tage zuvor ermordet wurde.

1943

13. Januar: Erlaß Hitlers zur »totalen Mobilmachung«.

26. Januar: Zusammenschluß der Widerstandsbewegungen der südlichen Zone.

30. Januar: Gründung der Miliz.

2. Februar: Kapitulation der 6. deutschen Armee unter Generalfeldmarschall Paulus vor Stalingrad.

16. Februar: Einführung des *Service du travail obligatoire* (STO).

7. Mai: Einzug der Alliierten in Tunis.

27. Mai: Gründung des Nationalrates des Widerstandes.

3. Juni: Gründung des *Comité français de libération nationale* (CFLN).

21. Juni: Verhaftung von Jean Moulin.

10. Juli: Englisch-amerikanische Landung auf Sizilien (*Operation Husky*).

17. Juli: Beginn der sowjetischen Gegenoffensive an der Ostfront.

25. Juli: Mussolini wird vom Großen Faschistischen Rat aller seiner Ämter enthoben.

8. August: Italienische Kapitulation.

2. Oktober: De Gaulle wird alleiniger Führer der Regierung in Algier.

4. Oktober: Befreiung von Korsika.

6. November: Kiew wird von der Roten Armee zurückerobert.

13. November: Krise zwischen Pétain und den Deutschen.

29. Dezember: Englisch-amerikanisch-sowjetische Konferenz in Teheran.

1944

1. Januar: Darnand wird zum Generalsekretär für die Aufrechterhaltung der Ordnung ernannt.

6. Januar: Henriot wird zum Minister für Information und Propaganda ernannt (er wird am 28. Juni von der *Résistance* ermordet).

20. Januar: Gründung der Standgerichte.

21. Januar: Ende der Belagerung von Leningrad.

15. Februar – 13. Mai: Schlacht bei Monte Cassino.

2. Juni: Der CFLN gibt sich den Namen »Provisorische Regierung der französischen Republik«.

4. Juni: Die Alliierten marschieren in Rom ein.

6. Juni: Alliierte Landung in der Normandie (*Operation Overlord*).

10. Juni: Massaker von Oradour-sur-Glane.

20. Juni: Die Miliz ermordet Jean Zay und am 7. Juli Georges Mandel.

20. Juli: Fehlgeschlagenes Attentat auf Hitler.

15. August: Französisch-amerikanische Landung in der Provence (*Operation Dragoon*).

20. August: Marschall Pétain verläßt Vichy und geht nach Belfort.

25. August: Einzug der 2. Panzerdivision unter General Leclerc in Paris.

1. Oktober: Pétain verläßt Frankreich und geht bis zum Kriegsende nach Sigmaringen, wo er mit Laval, De Brinon und Déat sowie Doriot zusammentrifft.

23. November: Befreiung von Straßburg.

16. Dezember: Deutsche Offensive in den Ardennen, die im Januar 1945 von den Amerikanern zurückgeworfen wird.

1945

7. Mai: Gesamtkapitulation der deutschen Wehrmacht in Reims (am 9. Mai in Berlin-Karlshorst).

9. Mai: Übergabe der »Festungen« Lorient, La Rochelle und Saint-Nazaire.

I
Von Paris nach Vichy

Warum ein Waffenstillstand?

»Der Kampf muß eingestellt werden«

»Ich sage Ihnen heute mit schwerem Herzen, daß der Kampf eingestellt werden muß«, erklärte Marschall Pétain, der soeben die Nachfolge von Paul Reynaud als französischer Ministerpräsident angetreten hatte, am 17. Juni 1940 über das Radio. Der Sieger der Schlacht von Verdun war einen Monat zuvor in die Regierung eingetreten, als sich die deutsche Offensive, die am 10. Mai begonnen hatte, für Frankreich zur Katastrophe entwickelte.

Tatsächlich war dem deutschen »Erbfeind« bereits am 13. Mai der Durchbruch durch die Ardennen gelungen, die das gesamte französische Oberkommando, einschließlich Marschall Pétain, zu einem unüberwindlichen natürlichen Hindernis erklärt und dementsprechend schlecht gesichert hatte. Hitlers Bruch der Neutralität der Niederlande und Belgiens führte zu einer schnellen Kapitulation der Armeen dieser beiden Länder, was die Schwäche der nordfranzösischen Grenze noch offenkundiger machte, denn die Maginotlinie war nicht bis dorthin verlängert worden. Die Ablösung des Oberkommandierenden Maurice Gamelin durch General Maxime Weygand, einen ehemaligen Mitarbeiter von Marschall Ferdinand Foch im Ersten Weltkrieg, führte jedoch nicht zu dem erhofften Wunder an der Somme. Die Offensive der Deutschen ging ungehindert weiter, sie umschlossen die französische Armee und das britische Expeditionskorps in einer Zangenbewegung. Nur durch die Einschiffung von annähernd 330 000 Mann in Dünkirchen, die unter ausgesprochen schwierigen Umständen in den letzten Maitagen erfolgte, konnte die Zahl der Gefangenen auf 1 800 000 Mann begrenzt werden.

In nur fünf Wochen gab es im Frankreichfeldzug 100 000 Tote. Entgegen der Gründungslegende von Vichy wurde der Krieg nicht von einer Republik verloren, die mit einer an Leichtfertigkeit grenzenden Sorglosigkeit in den Kampf gezogen war, und auch nicht durch die defätistische Haltung der geistigen Führungselite, sondern wegen der zur Routine erstarrten, schablonenhaften Strategie eines Generalstabes, der weder an Panzer noch an die Luftwaffe glaubte und sich unsägliche Führungsfehler erlaubte (Azéma, 1990a).

Nachdem sie am 10. Juni das zur offenen Stadt erklärte Paris – das die Deutschen dann am 14. besetzten – verlassen hatte, irrte die französische Regierung orientierungslos umher, und dieses Durcheinander wurde noch durch den Exodus der nahezu zehn Millionen Flüchtlinge verstärkt, die verzweifelt aus den Kampfzonen zu entkommen versuchten. Da es nicht gelang, die Zustimmung seines Kabinetts zur Fortsetzung des Kampfes zu erlangen, sei es von einem hypothetischen »bretonischen Rückzugsgebiet«, sei es von Nordafrika aus, trat Paul Reynaud am 16. Juni zurück. Noch in der gleichen Stunde trat Marschall Pétain an seine Stelle. Als Bannerträger der Befürworter eines Waffenstillstandes hatte dieser während einer der zumeist dramatisch verlaufenden Beratungen der Regierung in diesen ersten beiden Wochen des Juni wissen lassen, daß er auf jeden Fall, »notfalls auch außerhalb der Regierung«, in Frankreich bleiben werde – eine Haltung, die er folgendermaßen begründete: »Die Pflicht der Regierung ist es, was immer auch geschieht, im Land zu bleiben. Frankreich seiner natürlichen Verteidiger zu berauben hieße, es dem Feind ausliefern. Es hieße, die Seele Frankreichs töten und damit auch seine Wiedergeburt unmöglich machen« (Pétain, 1989).

Waffenstillstand oder Kapitulation?

Diese Erklärung zeigt deutlich, daß der Waffenstillstand eine politische Entscheidung war. Man mußte auf dem eigenen nationalen Territorium bleiben, um jene Erneuerung der Nation einzuleiten, die es Frankreich ermöglichen würde, aus den Ruinen der Niederlage emporzusteigen, so wie es Preußen nach der Niederlage von Jena (1806) gelungen war. Diese Einschätzung der Lage schloß die einzige Alternative, nämlich die Kapitulation, aus, die ein rein militärischer Akt war und die staatliche Souveränität nicht berührte. Wie alle anderen besiegten europäischen Länder (Belgien, Niederlande, Luxemburg, Norwegen) hätte auch Frankreich nach einer solchen Kapitulation eine Exilregierung bilden können (Durand, 1990), die bereit war, den Kampf fortzusetzen, zumal ihr noch immer ein Kolonialreich und eine Flotte zur Verfügung standen.

Doch die Entscheidung der neuen Herren von Frankreich fiel anders aus – ganz abgesehen davon, daß General Weygand die Kapitulation kategorisch abgelehnt hatte, die, wie er meinte, die Ehre der Armee mit Füßen getreten hätte. Die Regierung von Marschall Pétain war freilich davon überzeugt, daß es nur ein kurzer Krieg sein würde, denn die deutschen Truppen, die Frankreich so vernichtend geschlagen hatten, würden nach den Worten von Weygand »das britische Geflügel wie ein Hühnchen rupfen«. Diese Lagebeurteilung stand in krassem Gegensatz zu der Ansicht, die über die BBC von einem gerade in London eingetroffenen, nur wenig bekannten Mitglied der zurückgetretenen Regierung Reynaud, dem Unterstaatssekretär im Kriegsministerium Charles de Gaulle, vertreten wurde. Dieser erinnerte daran, daß die französischen Truppen »von der Materialmacht des Gegners, zu Land und in der Luft, überrannt worden waren«, und er schloß mit den Worten: »Nichts ist für Frankreich verloren, weil Frankreich nicht allein steht«, denn »dieser Krieg ist ein Weltkrieg« (de Gaulle, 1970). Es war eine visionäre Rede, die den begeisternden Worten ähnelte, die der britische Premierminister Winston Churchill damals seinen Landsleuten zurief, zugleich aber auch eine Rede, die im krassen Gegensatz zu den ersten Verlautbarungen von Marschall Pétain stand, der »die Genußsucht« brandmarkte, »die seit dem Sieg [von 1918] über den Opfergeist gesiegt hat«.

Niederlage und Bruch mit der republikanischen Verfassung

Diese moralisierenden Aufrufe, die von Reue durchdrungen waren und von Selbstmitleid trieften, bildeten im übrigen auch eine gezielte Attacke auf die republikanischen Institutionen, die direkt für die Niederlage verantwortlich gemacht wurden, wohingegen die taktischen Fehler des Oberkommandos nicht erwähnt wurden. War in dieser Republik wirklich alles in einem solchen Maß »verdorben«, »zu erneuern«, »abgenutzt« und »schon vor der Geburt veraltet« (Pétain, 1989)?

Philippe Pétain als letzter Regierungschef der III. Republik im Kreise seines ersten Kabinetts, 17. Juni 1940

Frankreich in der Krise?

Die dreißiger Jahre waren in Frankreich wie in allen westlichen Ländern geprägt von der wirtschaftlichen Depression, es waren Jahre der sozialen Krise und der intellektuellen Unsicherheit (Borne/Dubief, 1989). Hinzu kam die Unfähigkeit der III. Republik, ihre Institutionen zu reformieren. Es entsprach geradezu der republikanischen Tradition, eine abgrundtiefe Abneigung gegen das Prinzip einer starken Exekutive zu zeigen und statt dessen die alltägliche Anwendung von Notverordnungen zu akzeptieren. Im Gegensatz dazu schienen die totalitären und autoritären Regime, von denen es in Europa immer mehr gab, einen Erfolg nach dem anderen für sich zu verbuchen, allerdings um den Preis der Abschaffung aller bürgerlichen Rechte.

Der tiefsitzende Schock der Niederlage von 1940 hat dazu geführt, daß an die Stelle des tatsächlichen Frankreich des Jahres 1939 ein Bild gesetzt wurde, das durch das Ausmaß der nachfolgenden Erschütterung getrübt war. Die Republik mochte zwar schwach gewesen sein, doch sie war nicht dem Tode geweiht, und Frankreich war auch nicht jener ins Taumeln geratene Staat, der von den Politikern der Volksfrontregierung in den Krieg und in die Niederlage geführt worden war, von jenen Männern, von denen man sagte, sie seien so unehrlich gewesen, der Abgeordnetenkammer die Kriegserklärung abzupressen, indem sie sich einfach die für die Durchführung der militärischen Operationen nötigen Kredite bewilligen ließen.

»Unehrlich« und »kriminell« lauteten die Attribute, mit denen man die Regierung des Linksbündnisses bedachte, denn sie sei verantwortlich für die Sabotage der Rüstungsanstrengungen. Weil sie sowohl die Faulheit, Frucht der Vierzig-Stunden-Woche und des bezahlten Urlaubs, als auch den Ungehorsam, eine Folge der Streiks vom Juni

1936, gefördert habe, stand die Regierung Léon Blum des Sommers 1936 in der Schußlinie der Schuldzuweisungen des Marschalls (»Man hat mehr gefordert als gegeben. Man hat sich Anstrengungen ersparen wollen; heute ist das Unglück geschehen«). Das hieße jedoch, ein bißchen zu schnell über die beträchtlichen Rüstungsanstrengungen hinweggehen, die diese Regierung unternommen hatte, ebenso wie über den festen Willen, mit dem Édouard Daladier seit April 1938 als Ministerpräsident den politischen und sozialen Wiederaufschwung in die Hände zu nehmen versuchte. Diese Entschlossenheit stellte die Regierung unter Beweis, als sie mit großem Einsatz den Streik vom 30. November 1938 unterdrückte, der durch eine Reihe von Gesetzesverordnungen verursacht worden war, die verschiedene soziale Errungenschaften des Sommers 1936 wieder zurücknahmen.

Welcher Pazifismus?

Die Epoche wurde auch vom Anwachsen der äußeren Gefahren geprägt (Duroselle, 1979). Schlag auf Schlag bekam Frankreich den Eroberungswillen der benachbarten totalitären Staaten zu spüren, zunächst in der Annexion Äthiopiens durch das faschistische Italien, dann in dem Einmarsch der deutschen Truppen in die entmilitarisierte Zone im Rheinland, schließlich im »Anschluß« Österreichs. Vor allem in zwei Ereignissen kristallisierte sich das Unbehagen: im Spanischen Bürgerkrieg und im Münchener Abkommen. Unter ihrem Einfluß vollzog die französische Rechte, traditionell nationalistisch, kriegswillig und deutschfeindlich eingestellt, eine entscheidende ideologische Wende. Sie hatte zunächst das französische Engagement zugunsten der spanischen Republik kritisiert, das allerdings durch das öffentliche Bekenntnis zum Prinzip der Nichteinmischung, das die Deutschen und Italiener ihrerseits ohne zu zögern brachen, eingeschränkt wurde, und tendierte nach München, also ab dem Oktober 1938, eindeutig zum Pazifismus. Das Münchener Abkommen vom 29. September war mindestens ebenso bedeutsam wegen seiner diplomatischen Auswirkungen – Hitler war von nun an von der Schwäche der französischen und englischen Demokratien überzeugt – wie aufgrund der tiefen Kluft, die es in der französischen Öffentlichkeit verursachte: Tatsächlich gibt es personelle Kontinuitäten zwischen den verschiedenen Verfechtern des Münchener Pazifismus und den wichtigsten Stützen des Regimes, das sich in Vichy etablieren sollte (Azéma/Bédarida, 1995).

Die Entstehung des *État français*

Vermutlich unter dem Einfluß von Pierre Laval, dem das in der Nähe gelegene Schloß von Châteldon gehörte, ließ sich die Regierungsmannschaft von Bordeaux kommend in den letzten Junitagen in Vichy nieder, einer kleinen Kurstadt in der Auvergne. Lyon wäre als Hauptstadt für die verbliebene »freie« Zone eines zu drei Fünfteln besetzten Frankreich eine logischere Wahl gewesen, aber sein Bürgermeister, Édouard Herriot, der zu den Radikalsozialisten gehörte und Präsident der Abgeordnetenkammer war, wirkte wie ein Symbol des heruntergewirtschafteten parlamentarischen Systems.

Vom Waffenstillstand zu den unbeschränkten Vollmachten

Die ersten Tage der Regierungsbildung in Vichy, die viele damals bereits als die letzten Tage der Republik empfanden, waren geprägt von der drückenden Last der Niederlage. Hinzu kam ein Klima der Intrigen, das in Bordeaux durch Laval und einen seiner Getreuen, Adrien Marquet, den Bürgermeister der Stadt, unter den Abgeordneten geschürt wurde. Der Zwischenfall von Mers el-Kébir fügte am 3. Juli dieser ohnehin schon aufgeladenen Atmosphäre noch eine antibritische Komponente hinzu.

Damals starben 1300 französische Offiziere und Matrosen, als Einheiten der britischen *Royal Navy* die Schiffe vernichteten, die in diesem algerischen Hafen nahe Oran vor Anker lagen. Das englische Kriegskabinett hatte sich zu diesem Schritt entschlossen, weil im Falle eines länger andauernden Krieges eine Nutzung dieses Teils der französischen Flotte durch Deutschland nicht ausgeschlossen war und dies für das Überleben des Vereinigten Königreichs eine tödliche Bedrohung gewesen wäre. Zwar hätte das einen Verstoß gegen den deutsch-französischen Waffenstillstand bedeutet, aber sollte man in London den Worten Hitlers Glauben schenken? In dieser aufgeladenen Atmosphäre konnte Laval als stellvertretender Ministerpräsident am 10. Juli 1940 bei der Vorstellung der Verfassungsreform, die von der Regierung der Nationalversammlung vorgelegt worden war, deshalb ganz selbstverständlich sagen, daß er nicht die Absicht habe, den Engländern den Krieg zu erklären, aber daß er immer, wenn er dazu in der Lage sei, es ihnen Zug um Zug zurückzahlen werde.

Die Szene ereignete sich im großen Theatersaal des Kasinos von Vichy. Hier wurde von 569 der 672 anwesenden Abgeordneten jene Verfassung angenommen, die »der Regierung der Republik, unter der Verantwortung und Federführung des Herrn Marschall Pétain, unbeschränkte Vollmachten [gab], mit dem Ziel, durch eine oder mehrere Erlasse die neue Verfassung des *État français* zu verkünden«. Unter den Abgeordneten waren vor allem Angehörige der ehemaligen Volksfront, die im Juni 1936 gewählt worden waren, deren Mehrheit allerdings durch die fest auf konservativem Boden stehenden Bataillone des Senats aufgeweicht wurde und auf deren äußerstem linken Flügel zudem die Vertreter der Kommunisten fehlten. Diese hatten sich geweigert, sich vom deutsch-sowjetischen Pakt zu distanzieren und waren deshalb schon im Herbst 1939 verhaftet worden. Außerdem fehlten weitere 180 Volksvertreter, darunter dreißig, die auf dem Passagierschiff »Massilia« von Bordeaux nach Marokko unterwegs waren und die deshalb später wegen Desertion angeklagt wurden. Nichtsdestotrotz waren es nur 80 Abgeordnete, zu einem sehr großen Teil Anhänger der Linken, die diesem Selbstmord des republikanischen Systems ihre Zustimmung verweigerten.

Wenn die neue Verfassung auch »die Rechte von Arbeit, Familie und Vaterland garantieren« sollte, so ließen die Erklärungen Lavals anläßlich der Debatten, die der Abstimmung über den Gesetzestext vorausgegangen waren, unwillkürlich an einen vierten Begriff denken, der in der Devise der zukünftigen Regierung gut seinen Platz gehabt hätte: an den Begriff der Autorität. Das wurde schon am folgenden Tag klar, als Marschall Pétain durch »konstitutionelle Akte« seine eigenen Machtbefugnisse festlegte. Es waren die eines Diktators.

Ein hastig errichteter Staat

Dieser »konstitutionelle Staatsstreich«, wie ihn später der bedeutendste Jurist der *France libre* (»Freies Frankreich«), René Cassin, nennen sollte, um dem Vichy-Regime jegliche Legitimität abzusprechen, führte tatsächlich zu einem Regime des Machtwirrwarrs; es schuf eine Form des personalisierten und autoritären Staates, dessen Urahn man in dem Regime der Diktatur der Exekutive sehen kann, wie sie von der Verfassung des Jahres VIII der Französischen Revolution etabliert wurde.

Mit einem einzigen Satz – »Wir, Philippe Pétain, Marschall von Frankreich, erklären laut Verfassungsgesetz vom 10. Juli 1940, daß wir die Funktion des Staatschefs des *État français* ausüben« – wurde der *État français* gegründet. Die Abschaffung der Republik folgte durch Außerkraftsetzung des »Zusatzartikels Wallon«[2] vom 25. Februar 1875, der, weil er das Amt des Präsidenten der Republik überhaupt erst schuf, als förmliche Geburtsstunde der III. Republik gilt. Ebenfalls wenig republikanisch war auch das Pétain zuerkannte Vorrecht, seinen Nachfolger, der in diesem Fall Laval hieß, selbst zu bestimmen.

2 »*Amendement Wallon*«: Am 25. Februar 1875 beschloß das französische Parlament die Wahl eines Präsidenten der Republik, dessen Amtszeit sieben Jahre betragen sollte. Die Zustimmung zu dem vom republikanischen Abgeordneten Henri Wallon eingereichten Entwurf bildete den Auftakt zu einer Reihe weiterer Gesetze, die zusammengenommen die verfassungsrechtliche Grundlage der III. Republik bildeten.

Die offizielle Gründung des *État français*

Darstellung der Motive für den Verfassungsentwurf, der Marschall Pétain unbeschränkte Vollmachten einräumte

Wir müssen eine Lehre aus den verlorenen Schlachten ziehen. Über die begangenen Fehler nachzudenken, die Verantwortlichen zu finden, die Gründe für unsere Schwächen zu suchen, ist eine notwendige Aufgabe, der wir uns unterziehen müssen. Aber sie wäre völlig sinnlos, wenn sie nicht auch der erste Schritt zu unserer Erneuerung wäre. Denn es handelt sich vor allem darum, Frankreich neu zu gestalten. Nachdem das Ausmaß seiner Niederlage absehbar ist, wird sich ein Land wie das unsrige, ganz gleich, wie groß sein Schmerz und seine Leiden sind, nicht mit unnützen Klagen aufhalten. Es wird nicht über seine Vergangenheit jammern, und es wird sie auch nicht in alter Form wieder auferstehen lassen. Auch andere Länder haben aus der militärischen Niederlage und aus der inneren Unordnung die Kraft geschöpft, um neu aufzublühen und sich zu wandeln. Im grausamsten Moment seiner Geschichte muß Frankreich die Notwendigkeit einer nationalen Revolution begreifen und akzeptieren. Es muß darin eine Voraussetzung für sein gegenwärtiges Heil und ein Unterpfand für seine Zukunft sehen.

Dieser kühne und gewagte Wiederaufbau, diese totale Anstrengung der Verjüngung verlangen von allen Franzosen mehr als nur ergebene Zustimmung, sogar mehr als eine nur aus Liebe zum Vaterland akzeptierte Disziplin: Es bedarf einer vollständigen Hingabe, eines Vertrauens ohne Zweifel, eines glühenden Glaubens, eben dieser kollektiven Begeisterung, die allein dem Leben des einzelnen einen Sinn gibt. [...] Das Parlament wird im Angesicht der Geschichte zu Ehre gelangen und sich den Dank der Nation verdienen, wenn es als erstes die Türen der Zukunft öffnet. Die Regierung muß alle Macht erhalten, um zu entscheiden, zu handeln und zu verhandeln, alle Macht, um das zu retten, was gerettet werden muß, um zu zerstören, was zerstört werden muß, um aufzubauen, was aufgebaut werden muß. Die Regierung bittet also das Parlament, das in dieser Nationalversammlung zusammengetreten ist, Marschall Pétain, dem Staatschef, sein Vertrauen auszusprechen, damit er mit seiner Unterschrift und unter seiner Verantwortung die Artikel der Verfassung des *État français* verkünden kann.

In erster Linie müssen die Souveränität des Staates und die Unabhängigkeit der Regierung wiederhergestellt werden. Die legitime Macht wird sich vom Einfluß der Oligarchie frei zu machen wissen. [...] Die Entschlossenheit wird ihre Richtschnur sein; aber sie wird sich darum bemühen, Autorität mit der Respektierung individueller Freiheiten zu vereinbaren. [...] Die nationale Erziehung und die Ausbildung der Jugend werden ihr erstes Anliegen sein. Da sie sich der tödlichen Gefahren bewußt ist, in die intellektuelle Perversion und moralische Verderbnis dieses Land in der entscheidenden Stunde gebracht haben, wird sie die Institutionen fördern, die geeignet sind, zum Anstieg der Geburtenrate beizutragen und die Familie zu schützen. Die Regierung weiß im übrigen sehr wohl, daß die sozialen Gruppen wie Familie, Berufsstand, Gemeinde und Region schon vor dem Staat existiert haben. Er darf also die legitimen Rechte dieser Gruppen nicht mißachten, aber er wird sie dem allgemeinen Interesse und dem Allgemeinwohl unterordnen; er wird sie kontrollieren und als Schiedsrichter fungieren. Sicherlich, das wirtschaftliche Leben unseres Landes wird eine neue Ausrichtung erfahren. Integriert in das kontinentale System der Produktion und des Austausches wird Frankreich in erster Linie wieder landwirtschaftlich und bäuerlich werden, und seine Industrie wird sich wieder auf ihre traditionelle Qualität konzentrieren. Es wird daher nötig sein, der gegenwärtigen wirtschaftlichen Unordnung durch eine rationale Organisation der Produktion und durch korporative Einrichtungen ein Ende zu bereiten [...].

Ein einziger Adel wird in Zukunft anerkannt werden: die Intelligenz; ein einziges Verdienst: die Arbeit. Sie werden das Land zu seiner neuen Bestimmung führen, der des ewigen Frankreich, das das heilige Werk von Jahrtausenden fortführt. Auf diese Weise wird unser Land, statt sich von den schweren Prüfungen niederdrücken zu lassen, durch seine Anstrengungen und in seinen Traditionen den Stolz unserer Rasse wiederfinden.

Journal officiel. 11. Juli 1940. [o. S.]

Die Gesetze gestanden dem Staatschef unbeschränkte Vollmachten zu, mit Ausnahme der Kriegserklärung, die der Zustimmung der noch zu bildenden Kammern bedurfte: »Er hat«, präzisiert der zweite Verfassungsakt, »alle Vollmachten der Regierung, ernennt und entläßt die Minister, die nur ihm verantwortlich sind, übt die legislative Macht im Ministerrat aus, sorgt für die Ausführung der Gesetze, besetzt alle zivilen und militärischen Posten, für die das Gesetz kein anderes Ernennungsverfahren vorgesehen hat.«

Zwar wurde bestimmt, daß die Ausübung der legislativen Macht durch den Staatschef zeitlich begrenzt ist und gleich nach deren Gründung auf die neuen Kammern übergehen soll, die in der zukünftigen Verfassung des *État français* vorgesehen waren. Doch selbst noch nach diesem Zeitpunkt konnte der Staatschef seine legislativen Vollmachten »im Falle einer äußeren Spannung oder einer schweren inneren

Krise« jederzeit wieder in Anspruch nehmen. Für den Augenblick wurde, da die beiden parlamentarischen Versammlungen der III. Republik – die Abgeordnetenkammer und der Senat – auf unbestimmte Zeit vertagt worden waren, die legislative Macht vollständig und einzig und allein auf Marschall Pétain übertragen. Denn selbstverständlich war es undenkbar, irgendwelche Kompetenzen an diejenigen abzutreten, die Innenminister Marcel Peyrouton im Oktober 1940 als »Profis des alten Wahlsystems« bezeichnete, »die unter den Schlagworten Liberalismus und Demokratie immer nur vorhatten, den Appetit ihrer unersättlichen Klientel zu befriedigen und die breiten Stimmungen zu ihrem eigenen Vorteil auszunutzen«.

Als Chef der Exekutive und einzigem Gesetzgeber wurden dem Staatschef einige Monate später auch eigene richterliche Vollmachten zugestanden. Dadurch konnte er Minister, Notabeln und hohe Funktionäre, »die ihre Pflichten verletzt hatten«, zu Strafen verurteilen, die bis zur Festungshaft reichten. Diese Vollmacht erstreckte sich auch auf diejenigen, die innerhalb der letzten zehn Jahre aus ihrem Amt ausgeschieden waren. Dieses Kompetenzenwirrwarr, in dem Montesquieu das Grundprinzip einer despotischen Regierung gesehen hatte, war unter den diktatorischen, totalitären und autoritären Regimen, deren Zahl innerhalb der letzten fünfzehn Jahre in Europa immer mehr angewachsen war, zu neuen Ehren gelangt. Tatsächlich war Pétain, wenn man den Erinnerungen seines Kabinettschefs glauben will, nicht wenig stolz, »mehr Macht auf sich [zu vereinen], als Ludwig XIV. je gehabt hatte« (du Moulin de Labarthète, 1946).

Es lebe der Marschall!

Das definitive Ende der Republik vollzog sich nicht nur faktisch, indem ihr unauffälliger Präsident, Albert Lebrun, zurücktrat, sondern auch in symbolischer Hinsicht: Das Porträt des Marschalls Pétain ersetzte das der Marianne auf den Briefmarken ebenso wie an den Wänden der Klassenzimmer; die Urteile wurden nicht mehr im Namen der Republik verkündet, sondern in dem des »Marschalls von Frankreich und Chef des Staates«; das *Journal officiel de la République français* (Gesetzblatt der Republik) wurde zum *Journal officiel de l'État français*. Innerhalb weniger Monate erreichte diese Personifizierung der Macht ihren Höhepunkt, und die Franzosen wurden dazu aufgerufen, denjenigen zu verehren, der »seine Person geopfert hatte« für ein Volk, das »die Rückkehr zu nationaler Eintracht, die Aussöhnung in Gleichheit, die Sicherung der Ordnung, die Garantie eines wirksamen Schutzes« erwartete (Laborie, 1990).

Welch eine alte und eindrucksvolle Persönlichkeit! Im Jahr 1940 vierundachtzig Jahre alt, hatte Philippe Pétain bis zum Vorabend des Ersten Weltkrieges nur eine durchschnittliche Karriere gemacht (Griffiths, 1974). Es war sein Image als Sieger der Schlacht von Verdun, das ihm, ebenso wie sein Marschallsstab, eine außergewöhnliche Popularität und die höchsten republikanischen Ehren einbrachte. Als Mitglied der *Académie française* hielt er sich aus der aktiven Politik heraus – allerdings war er 1934 Kriegsminister –, was ihn aber nicht davon abhielt, sein Prestige zu nutzen, um hin und wieder einige wohlgezielte Bemerkungen über die Dekadenz der Republik oder über die Vorteile einer an konservativen Werten orientierten Erziehung zu machen. Auch wenn seine politischen Einstellungen, zumindest bis zu seinem Eintritt in die Kreise der politischen Rechten im

Verlauf der dreißiger Jahre, auf seinen militärischen Erfahrungen basierten, galt er dennoch als Republikaner; so sehr, daß sogar der Sozialist Léon Blum es für eine viel zu große Ehre für General Franco erachtete, Pétain im Jahre 1939 als Botschafter zu ihm zu entsenden.

Ab 1940 änderte sich alles, als Pétain wie Cincinnatus aus dem Ruhestand zurückkehrte, um der Führer eines Frankreich zu werden, das sich in innerer Auflösung befand (Ferro, 1987). Man sollte sich aber nicht mit den übertriebenen oder nebensächlichen Auswüchsen des Kultes um den Marschall aufhalten (Gervereau/Peschanski, 1990): Wenn er Frankreich seinen Stempel aufdrückte und durch seine Reden für Frankreich sprach, so einfach deshalb, weil er Frankreich war. Unleugbar hat es im Frankreich des Jahres 1940 einen ausgesprochen starken Mythos um Pétain gegeben, der auch 1944 noch nicht erloschen war. Er baute auf dem Bild des Helden von Verdun auf, der seinen behaglichen Ruhestand aufgab, um ein letztes Mal dem Vaterland zu dienen. Dieses »Opfer« hatte ein Vorbild in der Geschichte Frankreichs: Der Marschall wurde mit Jeanne d'Arc auf eine Stufe gestellt, die nicht nur eine französische Bäuerin, sondern auch eine Feindin der Engländer gewesen war.

Die Hagiographie des Marschalls

Welch eine Gunst, in der Epoche eines Mannes zu leben, von dem man weiß, von dem man sicher ist, daß er über die Geschichte hinausragt und sofort zu einer Legende wird, so sehr reißt das Abenteuer seines Lebens die Herzen mit, so sehr verlangt es nach dem Dichter, mehr noch als nach dem Historiker. Welch einzigartiges Schicksal! Es ist das des Marschalls! Wir erkennen bereits, wir, seine

Zeitgenossen, wir erkennen in Ergriffenheit, daß sein Ruf der aller großen Armeeführer und Anführer der Massen sein wird, daß neben ihm der Ruhm eines Denkers verblaßt, wäre er auch von noch so betörender Art wie der »Philosoph unter der Treppe« von Rembrandt, wäre es Pascal oder Goethe. Diese großen Geister haben die Menschheit vorangebracht; sie sind ihre Zier, ihre Größe; aber sie hätten gar nicht existiert, wenn große Soldaten nicht vorher die Erde, auf der sie lebten, geschützt hätten. Diese großen Soldaten, sie arbeiteten nicht im Stillen, im Verborgenen. Sie litten in der Gefahr, im Kreis der Männer, die sie mitrissen, die sie mit ihrem Glauben durchdrangen, die sie erzogen, die sie aufrichteten, die sie liebten. Das ist das herrliche Schicksal des Marschalls Pétain.

René Benjamin: Le Maréchal et son peuple. Paris: Plon, 1941. S. 1 f.

Nach vielen und bewegenden Begegnungen hatte ich eine, die ich für außergewöhnlicher halte als alle anderen. Eines Tages fand ich mich ganz allein mit seinem Mantel. Ja, seinem Mantel, der nachlässig auf einem Sessel lag, in seinem Arbeitszimmer. Und das ist für mich eine wunderschöne Geschichte. [...] Ich war ergriffen. [...] Sofort wurde ich so unbeweglich wie er, denn augenblicklich wurde mir klar, daß die sieben Sterne strahlten wie die sieben Sterne der Weisheit, von denen die antiken Vorväter erzählen.

René Benjamin: Les Sept Étoiles de France. Paris: Plon, 1942. S. 91 f.

Jeanne d'Arc aber war eine Heilige, so daß die Gleichsetzung Marschall / Jeanne d'Arc ganz von selbst in die Gleichsetzung Marschall/Christus überging. Diese Identifizierung, die bis an die Grenze der Blasphemie reichte, aber von der katholischen Kirche toleriert wurde, die glaubte, unter dem neuen Regime nur gewinnen zu können, führte dazu, daß man die »Gebote« des Staatschefs und den Gehorsam, den man ihnen schuldig war, ohne unnötiges Überlegen nachbetete oder gar wie ein Glaubensbekenntnis verinnerlichte (Miller, 1975). Die Begriffe ›Sühne‹ und ›Erlösung‹ tauchten häufig in den Reden von Vichy auf, und sie wurden von einer Kirche aufgegriffen, die in der Niederlage keinen Unfall der Geschichte sah, sondern ein Zeichen des göttlichen Zorns angesichts eines ungläubigen Frankreich, das vom Weg abgekommen war und seine »ewigen« Werte vergessen hatte. Es war eines der großen Ziele der Nationalen Revolution, ihre Politik auf dem Fundament dieser Werte aufzubauen.

II
Die Nationale Revolution

Bereits am 25. Juni 1940, als er über das Radio die Bedingungen des Waffenstillstandes verkündete, forderte Pétain Frankreich zu »einer intellektuellen und moralischen Erneuerung« auf, denn »die Niederlage ist aus dem Erlahmen unseres Eifers entstanden«. Dieses Streben nach Erneuerung, das oft eher einer Reaktion – gegen die Regierung der Volksfront in den dreißiger bzw. gegen die des Kartells der Linken in den zwanziger Jahren – ähnelte, bezog seine Kraft aus vielen ideologischen Quellen, was den heterogenen Charakter des neuen Regimes widerspiegelt.

Ursprünge und Werte

Die zentralen Werte, die die Philosophie der Nationalen Revolution inspirierten, gingen auf den französischen Schriftsteller, Journalisten und Politiker Charles Maurras zurück, der Mitbegründer und Chefideologe der *Action française*[3] war. Und die *Action française* hat eine ganze

3 Nationalistische und royalistische Bewegung der extremen Rechten, benannt nach dem gleichlautenden Titel der Zeitschrift, die von deren Führer, Charles Maurras, herausgegeben wurde. 1899 gegründet und vor dem Ersten Weltkrieg von großem Einfluß, verlor die *Action française* nach der Verurteilung durch den Vatikan im Jahre 1926 in Frankreich zugunsten der auf dem rechten politischen Flügel neu entstehenden Ligen an Einfluß.

Reihe der Vertrauten des Staatschefs beeinflußt: seinen politischen Mentor, Raphaël Alibert, der Justizminister geworden war, seinen Kabinettschef, Henri du Moulin de Labarthète, oder den Philosophen René Gillouin, der sein Berater wurde. Diese Männer, die das »neue Frankreich« nach dem Modell des vorrevolutionären Frankreich aufbauen wollten, nach dem Modell einer ständischen, ländlichen und katholischen Gesellschaft, halfen bei dem paradox anmutenden Aufbau einer neuen Ordnung, die auf einem Fundament aus alten Idealen gründete.

Von den Ideen Maurras' übernahm das Regime zu dem Zeitpunkt, da die ersten Weichenstellungen erfolgten, die vehemente Ablehnung jedes aufklärerischen, individualistischen und egalitären Gedankenguts. Das erstere: der Intellektualismus führte zu einer Erziehung auf der Basis der Vernunft – so wie die Republik sie begriff; er wurde – mehr als die Unfähigkeit des militärischen Oberkommandos – als das tödliche Gift angeprangert, an dem Frankreich fast zugrunde gegangen wäre. Die Kritik wandte sich aber auch gegen den Individualismus: »Da er sich hartnäckig gegen alle sozialen Gruppen richtet, in denen der Mensch lebt und wirkt, kann der Individualismus niemals kreativ sein« (Pétain, 1989). Im gleichen Geist wurde der »unnütze Egalitarismus« als eine rein abstrakte Idee abgelehnt; denn er sei ohne Verbindung zur natürlichen Ordnung, die nach Führern verlange, die aus einer rigorosen Auswahl innerhalb der Elite hervorgegangen seien.

Mit dem Egalitarismus sollte im übrigen auch das aus der Aufklärung stammende Politikmodell verschwinden, das auf der Idee der Vertretung des souveränen Volkes durch in allgemeinen Wahlen gewählte Abgeordnete gründete. Das Regime kritisierte diese »falsche Gleichheit« sowie seine verfassungsmäßige Umsetzung, den Parlamentarismus, der zugleich als Diktatur der Masse auf Kosten der natürlichen

Eliten und als Triumph der Einzelinteressen über das Allgemeinwohl dargestellt wurde.

Das Erbe von Maurras fand sich auch in der Auffassung vom nationalen Territorium wieder, das auf den beiden Gegensatzpaaren Verwurzelung im Heimatboden gegenüber der korrumpierenden Stadt bzw. »kleines Vaterland« gegenüber dem Pariser Zentralismus gründete. Daher rührte die immer wiederkehrende Verherrlichung des Landlebens in den Reden Pétains: die Metapher der vom Hagel verwüsteten Ernte, die Hervorhebung der ewigen Ordnung der Felder oder die Huldigung an die sich regenerierende Erde, die »nicht lügt«.

Man griff auch auf andere ideologische Quellen zurück, denn es gab viele widersprüchliche Ideen in den zahlreichen Gruppen, die in dieser zweiten Jahreshälfte 1940 Zugang zur Macht bekamen. Gemeinsam war ihnen der Vorrang, den sie der Ordnung einräumten, die bis zum Schluß eine der zentralen Obsessionen des Regimes bleiben sollte, auch wenn sich hinter diesem Wort sehr unterschiedliche Auffassungen verbargen.

Das konnte zunächst die engbegrenzte Ordnung der Kasernen sein, die aus Gehorsam, Disziplin und einem Sinn für Hierarchie bestand und gemildert wurde durch einen Patriarchalismus, der sich in der sozialen Rolle widerspiegelt, die die Schüler von Marschall Lyautey dem Offizier zuwiesen. Als Gouverneur von Algerien und später als langjähriger Generalresident von Marokko hatte Marschall Lyautey nach dem Ersten Weltkrieg einer ganzen Generation von Kadetten seinen Stempel aufgedrückt. Aber es konnte auch diese »neue Ordnung« sein, die während der dreißiger Jahre die verschiedenen Gruppen von Denkschulen suchten, die sich nicht mit der Alternative zwischen dem Kapitalismus und dem Kommunismus zufriedengeben wollten. Auch hier findet man wieder eine Mischung

Propagandaplakat mit einem Aufruf Pétains an die Franzosen: »Franzose, denk daran! Unsere Niederlage resultiert aus dem Nachlassen unserer Disziplin. / Die Vergnügungssucht hat über die Opferbereitschaft gesiegt. / Man hat [immer mehr] gefordert, statt zu geben. / Heute heißt die erste Pflicht: gehorchen.«

aus bunt zusammengewürfelten »Nonkonformisten«: Die Spannbreite reichte von Ingenieuren, die davon überzeugt waren, daß die Zukunft der Regierung in der Technik lag, bis zu den Anhängern totalitärer faschistischer oder nazistischer Ideologien, ohne die Vertreter eines Katholizismus zu vergessen, der nicht nur konservativ sein wollte. Tatsächlich war das sozial engagierte Christentum einer der wichtigsten Bestandteile dieses Kaleidoskops von Doktrinen, die mehr oder minder harmonisch in die Philosophie der Nationalen Revolution einflossen (Guillon, 1992).

Aus dieser Heterogenität der Quellen entstand ein hybrides Regime, Salazar näherstehend (Léonard, 1996) als Mussolini, ein Regime, dessen Vorbilder von der Nostalgie für ein vorindustrielles, wohlgeordnetes Frankreich zeugen, das 1940 bereits nicht mehr existierte. Vichy verehrte den Offizier, diesen Erzieher des nationalen Charakters, den nährenden Bauern und den schaffenden Handwerker, denen er die Unproduktivität des Rentners, das Parasitentum des Beamten und das mechanische Funktionieren des Arbeiters gegenüberstellte. Zur gleichen Zeit, da sie den Staat restaurieren wollte, machte sich die Nationale Revolution daran, das neue Frankreich aufzubauen: ein geeintes Frankreich durch Ausgrenzung der zahlreichen Elemente der Zwietracht, die das Regime ausgemacht hatte, und ein in natürlichen Gemeinschaften organisiertes Frankreich, als da waren die Familie, die Stände und die Region.

Einheit durch Ausgrenzung

Der Ausländer als Sündenbock

Frankreich zu erneuern schloß für das Regime die Notwendigkeit ein, gegen das »Anti-Frankreich« zu kämpfen, das bereits in der Vorkriegszeit von den Gruppierungen der äußersten Rechten angeprangert worden war. Sie machten sich nun die Entschlossenheit eines Maurras zu eigen, gegen die »*états confédérés*« (»verschworene Gemeinschaften«), unter ihnen »der Jude, der Freimaurer, das Ausländerpack«, zu kämpfen. Unter den allerersten Maßnahmen des *État français* gab es daher viele, die den zwanghaften Willen verrieten, »Frankreich wieder den Franzosen« zurückzugeben. Die Ausländer, die Sündenböcke des Dramas, das sich im Land abspielte, fanden sich rasch zu Parias degradiert.

Innerhalb weniger Tage wurde zunächst die »Notverordnung Marchandeau« außer Kraft gesetzt, die im April 1939 den Aufruf zu fremdenfeindlicher und antisemitischer Gewalt in der Presse unter Strafe gestellt hatte (Schor, 1992), dann wurde die Überprüfung der seit 1927 ausgesprochenen Einbürgerungen angeordnet, und schließlich wurde die Beschäftigung von Beamten mit nicht-französischen Vätern zunächst in den Ministerien, dann auch in der Staatsverwaltung und in den Gemeindevertretungen untersagt. Wie ein Kommentator der damaligen Zeit schrieb, glaubte man in der Tat, daß »die Eingebürgerten unfähig waren, das korrekte Funktionieren des öffentlichen Dienstes zu gewährleisten« (Duverger, 1941). Sicherlich waren auch schon während der III. Republik restriktive Maßnahmen ergriffen worden, die es den neuen Staatsbürgern untersagten, innerhalb einer Periode von zehn Jahren nach ihrer Einbürgerung in den öffentlichen Dienst einzutreten. Vichy ging aber viel weiter, indem es jeden Gedanken der Assimilation ablehnte. Nach den reinen Prinzipien des Blutrechtes konnte die *francité*, die Zugehörigkeit zur französischen Nation, grundsätzlich nicht erworben werden. Keine französischen Vorfahren zu haben, schloß also die Ausübung einer öffentlichen Verantwortung, welcher Art auch immer, aus.

Das Judenstatut

Diese Ablehnung des anderen wurde noch deutlicher, als das Gesetz vom 3. Oktober 1940, das »Judenstatut«, bekanntgegeben wurde. Denn die deutschen Behörden hatten zwar bereits am 27. September in der besetzten Zone antijüdische Maßnahmen ergriffen, doch weiß man heute mit Sicherheit, daß sie keine vergleichbaren Maßnahmen in der freien Zone verlangt hatten (Marrus/Paxton, 1981). Die entscheidenden Gründe für dieses Gesetz waren daher allein die Suche nach einem Sündenbock sowie vor allem der Antisemitismus der Machtelite in Vichy. Der erste Artikel legte fest, daß »nach den Bestimmungen dieses Gesetzes, jede Person als Jude betrachtet wird, die drei Großeltern jüdischer Rasse hat oder aber zwei Großeltern dieser Rasse, sofern auch ihr Ehepartner Jude ist«. Während man die Einführung eines Numerus Clausus für alle freien Berufe ankündigte, konzentrierte sich das Gesetz auf zwei Kategorien von Berufen, in denen der »jüdische Einfluß« offenbar schnellstmöglich zurückgedrängt werden mußte: in Presse und Kino auf der einen Seite, im öffentlichen Dienst auf der anderen Seite.

Das Statut untersagte also den Juden die Ausübung aller politischen Funktionen sowie jeglichen verantwortlichen Postens in der Verwaltung. Da Pétain während der Ausarbeitung des Gesetzes durch den Ministerrat besonders darauf bestanden hatte, daß »der Erziehungssektor und die Justiz keinen Juden enthalten sollten« (Baudouin, 1948), wurden sie von diesen beiden Bereichen vollständig ausgeschlossen (Singer, 1992), ebenso wie von der Polizei, der Diplomatie und wenig später auch von der Armee. Nur die ehemaligen Kriegsteilnehmer unter den Juden konnten, sofern sie untergeordnete Positionen in anderen Bereichen des Staates innehatten, auf ihren Posten verbleiben, außerdem diejenigen, die eine Sondererlaubnis der Regierung erhalten hatten, die nach einem entsprechenden Urteil des Ministerrates ausgesprochen wurde.

Dieses Gesetz – das in der neuen Version vom 2. Juni 1941 noch verschärft wurde – war nur das erste in einer Reihe von mehr als zwanzig Bestimmungen, die, gestützt auf das im März 1941 gegründete Generalkommissariat für Judenfragen, alles daran setzten, den Juden jeglichen Platz im ökonomischen und sozialen Leben des Landes zu nehmen. Ein Gesetz vom Juli 1941 verfügte die Konfiszierung ihrer Unternehmen (der Ausdruck »Arisierung« tauchte hier zum ersten Mal auf), und es wurden Quoten eingerichtet, um die Zahl der jüdischen Anwälte, Ärzte und Studenten zu begrenzen. Selbstverständlich waren ihnen alle Wettbewerbe um Stellen in der öffentlichen Verwaltung verschlossen.

Des weiteren hatten die Präfekten ab Oktober 1940 außergewöhnliche Polizeivollmachten in bezug auf ausländische Juden erhalten, deren Internierung in »spezielle Lager« sie aussprechen konnten. Ab Juni 1941 mußten sich alle Juden, ob Ausländer oder nicht, registrieren lassen. Als die Deutschen Mitte 1942 damit begannen, die »Endlösung« in Frankreich ins Werk zu setzen, wußten sie diese vorbereitenden Maßnahmen für sich zu nutzen.

Das antisemitische Vichy

Kommuniqué der Regierung (17. Oktober 1940)

Bei ihrem Werk der nationalen Erneuerung mußte sich die Regierung bereits in den ersten Tagen mit dem Problem der Juden und dem gewisser Ausländer befassen, die, indem sie unsere Gastfreundschaft ausnutzten, nicht wenig zu unserer Niederlage beigetragen haben. Überall, und insbesondere im öffentlichen Dienst, so wahr es ehrenwerte Ausnahmen gibt, von denen jeder ein Beispiel nennen könnte, ist der Einfluß des Juden spürbar geworden, einschmeichelnd und letztendlich zersetzend. Alle Beobachter sind sich einig in ihrem Urteil über die fatalen Auswirkungen ihres Wirkens in den letzten Jahren, während der sie unsere Angelegenheiten in führenden Positionen leiteten. Die Tatsachen liegen auf der Hand, sie diktieren die Reaktion der Regierung, der die dringliche Aufgabe der Erneuerung Frankreichs obliegt. Die gesamte Regierung hat in absoluter Aufrichtigkeit davon Abstand genommen, repressive Maßnahmen zu ergreifen. Sie respektiert die Person und den Besitz der Juden. Sie wird sie lediglich daran hindern, gewisse soziale, hoheitliche, verwaltende sowie ausbildende Funktionen auszuüben, weil die Erfahrung die Regierung, wie auch alle anderen unparteiischen Menschen, gelehrt hat, daß die Juden sie in einer individualistischen Art ausübten, die bis zur Anarchie ging. Unser Desaster verpflichtet uns, die französischen Kräfte neu zu formieren, deren Charakteristiken in einer langen Erbreihe ausgebildet wurden. Es geht hier nicht einfach um Rache, sondern um unabdingbare Sicherheit. Im übrigen kann die Regierung gewisse Beschränkungen, die sie im lebenswichtigen Interesse Frankreichs ausgesprochen hat, für jene Juden aufheben, die sich um das Vaterland verdient gemacht haben. Diese Ausnahme ist ein Beweis für den Geist der Humanität, in dem sie sich bemüht hat, eine Frage zu regeln, die, wie die gegenwärtigen tiefgreifenden Veränderungen zeigen, einen universellen Charakter hat.

Le Statut des juifs de Vichy. Documentation. Textes rassemblés et présentés par Serge Klarsfeld. Paris: Les Fils et Filles des déportés juifs de France [FFDJF], 1990. S. 10.

Argumentationshilfe des Kabinettsdirektors des Außenministers, adressiert an den französischen Botschafter in den Vereinigten Staaten, um das Judenstatut vor der amerikanischen Öffentlichkeit zu rechtfertigen (18. Oktober 1940)

Die Israeliten sind seit 1936 in immer größerer Zahl nach Frankreich eingewandert, von dem Einfluß profitierend, den das israelitische Element in der Volksfront ausübte. Sie sind zu Hunderttausenden eingewandert, indem sie die Beschränkungen, die eine machtlose Verwaltung vergeblich zu errichten suchte, überwanden und, wenn sie auf Schwierigkeiten stießen, herrisch auftraten, wie unsere Beamten bezeugen können, die mit ihnen in Kontakt kamen. Die Reaktion war in Frankreich ebenso unvermeidlich wie in den anderen Ländern, in denen die Juden von einem bestimmten Zeitpunkt an die Macht innehatten. In bezug auf die französischen Juden, unter denen es auch ausgezeichnete vertrauenswürdige und loyale Elemente gibt, ist es nur zu wahr, daß ihre besondere Mentalität eine große Anzahl von ihnen dazu verleitet hat, alle Auffassungen anzugreifen, von denen sich die Franzosen trotz ihrer bewegten nationalen Geschichte niemals distanziert haben. Die Israeliten, die zwischen 1936 und 1940 an der Macht waren, haben sich in dieser Hinsicht besonders hervorgetan; man muß sich nur den Tenor der Rede von Herrn Jean Zay über die Nationalflagge und das von Herrn Léon Blum veröffentlichte Buch über die Ehe ansehen. Aus diesem Grund sind wir zu der Überzeugung gelangt, daß eine Bedingung für die nationale Erneuerung die Entfernung des Israeliten aus einer gewissen Anzahl von Berufen ist, die es ihm erlaubt, auf unsere Verwaltungen, auf die öffentliche Meinung und auf die Jugend einen Einfluß auszuüben, der als schädlich erkannt worden ist. Nicht der Wille zur Vergeltung hat dieses Gesetz inspiriert, das gerade erlassen wurde. Ganz im Gegenteil, es kann spontane Ausbrüche des Antisemitismus, bei denen man Ausschreitungen kaum vermeiden könnte, verhindern. Man sollte darauf hinweisen, daß keinerlei gegen Personen oder gegen Besitz gerichtete Maßnahmen ergriffen werden. Die neuen Bestimmungen sind darauf gerichtet, ein Problem endgültig und leidenschaftslos zu lösen, das sich extrem zugespitzt hat, und darauf, in Frankreich den Elementen eine friedliche Existenz zu ermöglichen, die durch die Eigenarten ihrer Rasse gefährlich werden können, wenn sie sich zu intensiv in unser politisches und administratives Leben einmischen.

Le Statut des juifs de Vichy. Documentation. Textes rassemblés et présentés par Serge Klarsfeld. Paris: Les Fils et Filles des déportés juifs de France [FFDJF], 1990. S. 27.

Der Freimaurer: der erklärte Feind

Es konnte nicht ausbleiben, daß Vichy schließlich auch der Freimaurerei den Kampf ansagte, deren aus der Aufklärung hervorgegangene Doktrin im Gegensatz zu seiner eigenen stand. Für das Regime war es eine zusätzliche Gelegenheit, den Bruch mit der III. Republik zu vollziehen, in der die Freimaurer eine herausragende Rolle gespielt hatten: in der Schulpolitik Ende des 19. Jahrhunderts durch Jules Ferry oder bei der Trennung von Kirche und Staat, die von Émile Combes zu Beginn des zwanzigsten Jahrhunderts eingeleitet worden war. Auch der *Parti radical*, das Rückgrat des republikanischen Parlamentarismus, hatte enge Verbindungen zur Freimaurerei, sowohl auf lokaler als auch auf nationaler Ebene. Diese Osmose verkörperte in den dreißiger Jahren am besten ein Mann wie Camille Chautemps, der achtzehnmal Minister und viermal Ministerpräsident war – vor allem im Dezember 1933 während der Affäre um den Finanzjongleur Alexandre Stavisky, aus der die Parteien der Rechten ein Symbol für den Einfluß der »okkultischen Kräfte« auf die Politik machen wollten.

Im August 1940 verfügte ein Gesetz die Auflösung aller Geheimgesellschaften; es befahl die Liquidierung ihres Besitzes und zwang die Beamten, eine Erklärung zu unterschreiben, in der sie versicherten, nicht der Freimaurerei anzugehören oder aber mit ihr gebrochen zu haben. Die Motive des Gesetzes traten klar hervor: »Keine Regierung kann, und am wenigsten unter den gegenwärtigen Umständen, die Anwesenheit von Gruppierungen zulassen, die im Verborgenen agieren oder eine geheime Mission haben. Es wäre vollkommen unannehmbar, wenn das in Angriff genommene Werk der nationalen Erneuerung von Organisationen bekämpft werden könnte, die hochgefährlich sind, weil sie im Dunkeln bleiben, weil sie eine große Zahl ihrer Mitglieder unter den Beamten rekrutieren und weil ihre Aktivitäten zu häufig das Räderwerk des Staates in die falsche Richtung zu lenken und die Arbeit der Regierung zu lähmen suchen.«

Kurs auf eine Gemeinschaft aller Franzosen

Die Nationale Revolution konnte nun den eigentlichen Teil des Programms, nämlich den Aufbau der nationalen Gemeinschaft in Angriff nehmen. In der Metapher, die der damals so gebräuchlichen Sprache des Hygienikers entlehnt war, hatte sie den Machthabern die Verantwortung übertragen, den sozialen Körper von »Mikroben« zu reinigen, die ihn angriffen. Zu diesem Zweck hatte Vichy juristisch auch diejenigen ausgeschlossen, die sich aufgrund ihrer Natur oder freiwillig aus der Gemeinschaft zurückgezogen hatten. Eine Gemeinschaft, die, wie es die Devise des neuen Staates ankündigte, zugleich die Gemeinschaft der Arbeit, der Familie und des Vaterlandes war, und die in einer autoritären Regierungsform ihren Ausdruck finden sollte.

Arbeit und Familie: die natürlichen Gemeinschaften

Wie Pétain in seiner langen programmatischen Rede vom 11. Oktober 1940 erklärte, konnte sich die französische Gemeinschaft nur durch und in der Arbeit erneuern, deren Organisation einen festen Rahmen erhalten sollte. Als ein Regime, das den Wert des Bodens in den Vordergrund stellte, als ein militärisches Regime, als ein Regime, das hauptsächlich von der Rechten und der extremen Rechten getragen wurde, kannte Vichy die Welt der Arbeiter kaum und schätzte sie auch nicht sehr, weil sie sie mit dem Kommunismus und mit den Streiks vom Sommer 1936 assoziierte. Es lehnte den Klassenkampf ab, der als eine ausländische Doktrin dargestellt wurde, der zu Ungehorsam aufforderte und Konflikte auslöste, lehnte aber gleichzeitig auch den egoistischen und sterilen reinen Kapitalismus ab, der nur auf Profit bedacht war.

Innenpolitik: ein hierarchisches und soziales Regime

Die neue Ordnung wird eine soziale Hierarchie sein. Sie wird nicht mehr auf der falschen Ideologie der natürlichen Gleichheit der Menschen beruhen, sondern auf der notwendigen Idee der Gleichheit der »Chancen«, die allen Franzosen gegeben werden und worin sie ihre Fähigkeit zu »dienen« unter Beweis stellen können. Allein die Arbeit und das Talent werden die Basis der französischen Hierarchie sein. Keinerlei abträgliches Vorurteil soll einem Franzosen aufgrund seiner sozialen Herkunft begegnen, sofern er sich nur in das neue Frankreich integriert und ohne Vorbehalt für es eintritt. Man kann den Klassenkampf, der für die Nation tödlich ist, nur beseitigen, indem man die Ursachen beseitigt, die diese Klassen geschaffen und gegeneinander aufgebracht haben. Auf diese Weise werden die wirklichen Eliten wiedererstehen, die das alte Regime in jahrelangem Bemühen zerstört hat und die den notwendigen Rahmen für die Entstehung des Allgemeinwohls und der Würde aller bilden. Manche fürchten vielleicht, daß die neue Hierarchie eine Freiheit vernichtet, die ihnen am Herzen liegt und die ihre Väter mit ihrem Blut errungen haben.

Sie mögen sich nicht beunruhigen. Die Autorität ist notwendig, um die Freiheit des Staates zu gewährleisten, die der Garant der individuellen Freiheiten gegenüber der Koalition der Einzelinteressen ist. Ein Volk ist trotz seiner Stimmzettel nicht mehr frei, wenn die Regierung, die es an die Macht gewählt hat, die Gefangene dieser Koalition ist. Was bedeutet im übrigen im Jahr 1940 die Freiheit – die abstrakte Freiheit – für einen arbeitslosen Arbeiter oder für einen ruinierten Kleinunternehmer anderes als die Freiheit, ohne Hoffnung auf einen Ausweg inmitten einer besiegten Nation zu leiden? In Wirklichkeit werden wir den trügerischen äußeren Schein der Freiheit nur verlieren, um ihre Substanz besser sichern zu können. Die Geschichte besteht immer aus einem Wechsel zwischen Perioden einer zur Tyrannei degenerierten Macht und Perioden der Freiheit, die Zügellosigkeit zur Folge hat. Für Frankreich ist die Stunde gekommen, dieses schmerzhafte Wechselspiel durch eine harmonische Verbindung von

Macht und Freiheiten zu ersetzen. Der hierarchische Charakter des neuen Regimes ist untrennbar mit seinem sozialen Charakter verbunden. Aber dieser soziale Charakter darf sich nicht nur auf theoretische Erklärungen beschränken. Er muß auch in den Taten hervortreten. Er muß sich in unmittelbaren und praktischen Maßnahmen zeigen.

Alle Franzosen, Arbeiter, Bauern, Beamte, Techniker und Unternehmer, haben zunächst die Pflicht zu arbeiten. Diejenigen, die dieser Pflicht nicht nachkommen, verdienen ihren Status als Bürger nicht. Aber alle Franzosen haben auch das Recht auf Arbeit. Es ist leicht zu verstehen, daß für die Verwirklichung dieses Rechts und die Durchsetzung dieser Pflicht eine tiefgreifende Umwälzung unseres ganzen veralteten wirtschaftlichen Apparates nötig ist. Nach einer Übergangsperiode, während der die Infrastrukturmaßnahmen ausgeweitet und auf das ganze Staatsgebiet ausgedehnt werden müssen, können wir in einer organisierten Wirtschaft dauerhafte Zentren der Aktivität schaffen, wo jeder seinen Platz findet und einen Lohn erhält, der seinen Fähigkeiten entspricht. Die Lösungen müssen, um ihre Wirkung tun zu können, an die verschiedenen Berufe angepaßt werden. Die Lösung, die für die Industrie erforderlich ist, hat keinerlei Bestand in einer familiär strukturierten Landwirtschaft, die die hauptsächliche ökonomische und soziale Basis Frankreichs bildet. Aber es gibt allgemeine Prinzipien, die sich auf alle Berufe anwenden lassen. Diese Berufe werden organisiert, und ihre Organisationsform wird sich überall durchsetzen. Die beruflichen Organisationen befassen sich mit allen Fragen, die den Beruf betreffen, aber sie beschränken sich allein auf diesen Bereich. Sie sichern, unter der Oberaufsicht des Staates, die Ausarbeitung und die Durchführung der Arbeitskonventionen. Sie garantieren die Würde des Arbeiters, indem sie seine Lebensbedingungen verbessern, bis in sein Alter hinein. Durch ein absolutes Verbot der Aussperrung vermeiden sie Konflikte und durch den obligatorischen Schiedsspruch der Arbeitsgerichte schließlich auch Streiks.

Auszug aus einer Rede von Marschall Pétain, 11. Oktober 1940. Zit. nach: Philippe Pétain: Discours aux Français 17 juin 1940 – 20 août 1944. Paris 1989. S. 86–94.

In einer scheinbar parallel angelegten Aktion wurden die Gewerkschaftszentralen und die *Confédération générale de la production française* (»Generalverband der Französischen Produktion«), in der die Arbeitgeber zusammengeschlossen waren, im November 1940 aufgelöst. Eine »Charta für die Arbeit« wurde in Auftrag gegeben, die sowohl auf der Ebene der Unternehmen als auch in den Instanzen der lokalen, regionalen und nationalen Vertretungen die Zusammenarbeit der Arbeiter, der Werkmeister und der Unternehmer regeln sollte. Aber es gab im Zentrum der Macht heftigen Widerstand allein schon gegen die Idee einer Vertretung der Arbeiter: Als Minister für Industrieproduktion und Arbeit mußte der Gewerkschafter René Belin (er war vor dem Krieg innerhalb der Gewerkschaft *Confédération générale du travail*, CGT, der Anführer des antikommunistischen und das Münchener Abkommen befürwortenden Flügels *Syndicats* gewesen), ein Verfechter eines »obligatorischen, zentralistischen und apolitischen Syndikalismus«, einen langen Kampf gegen die Vertreter korporatistischer Doktrinen führen, bis er schließlich mit ansehen mußte, wie im Oktober 1941 ein Projekt daraus entstand, das sehr weit von seinen ursprünglichen Vorstellungen entfernt war (Le Crom, 1994). Dennoch wurden für einzelne Fälle Lösungen gefunden, wie z.B. die Bildung des Ärzteverbandes *Ordre des médecins* im Oktober 1940, der noch heute besteht.

Die Familie war die andere wichtige Keimzelle, auf der die neue Ordnung aufgebaut werden sollte: »Das Individuum«, schrieb Marschall Pétain, »existiert nur durch die Familie, die Gesellschaft, das Vaterland, von denen es mit dem Leben alle zum Leben notwendigen Mittel erhält.« Eine Familienpolitik wurde verfügt, die diejenige der ausgehenden III. Republik fortsetzte, die im Juli 1939, angesichts des erschreckenden demographischen Abstiegs, ein Familiengesetz (*Code de la famille*) erlassen hatte. Auch wenn die Erfolge dieser Politik erst seit der Befreiung sichtbar werden, kann man ihren Zusammenhang mit den Grundprinzipien der Nationalen Revolution nicht übersehen. Sie privilegierte die familiäre Keimzelle, in der sie den natürlichen Nährboden der Gemeinschaft sah, die unter der Autorität des Vaters stand und den Kontrapunkt zum unproduktiven individuellen Abenteuer bildete.

Es war also keineswegs erstaunlich, daß das Prinzip des doppelten Stimmrechts für Familienväter in mehreren Verfassungsprojekten auftauchte, die unter dem Vichy-Regime ausgearbeitet wurden, noch daß die Rolle der Frau für das Regime hauptsächlich die der Mutter und der Hüterin des Heims war (Eck, 1991; Muel-Dreyfus, 1995). Das Gesetz vom 11. Oktober 1940 über die Frauenarbeit, das als ein Kampfinstrument gegen die Arbeitslosigkeit präsentiert wurde, gestand den Frauen dementsprechend nur eine minimale Präsenz im öffentlichen Dienst zu. Nur ungenügend und niemals vollständig umgesetzt, geriet es bald in Vergessenheit und wurde im September 1942 völlig abgeschafft.

Das Vaterland: das wahre Frankreich

Die Verherrlichung der natürlichen Gemeinschaften findet sich auch in der Gliederung des nationalen Territoriums wieder: An die Stelle der Departements und Arrondissements, Schöpfungen der Französischen Revolution, die zu sehr an die Wahlkreise des republikanischen Parlamentarismus erinnerten, setzte das Regime die Gemeinden, Dörfer oder Pfarreien – und die Provinz, das »kleine Vaterland«, als welches die Anhänger Maurras' sie verherrlichten. Fest in der Scholle verankert, zielte diese Opposition – die eine ganze bäuerliche Literatur und Heimatdichtung begründete – darauf, den abstrakten Charakter der repräsentativen Demokratie hervorzuheben, ebenso wie den der Volkssouveränität, auf der sie basierte. In den öffentlichen Reden häuften sich die scharfen Verurteilungen der repräsentativen Demokratie, sie sei eine Scheinmacht, die alle vier Jahre den eigensüchtigen »Wahlprofis« übertragen werde – und deren idealtypische Verkörperung das Regime in den Bistros sah. In dem – wirksamen – Kampf, den Vichy gegen den Alkoholismus führte, rangierte die Ablehnung des »Bistros«, eines Ortes, an dem man jegliche Art von Verderbtheit, Verwahrlosung und Korruption antraf, ziemlich weit vorn.

Während des Sommers und des beginnenden Herbstes 1940 machten der Schock der Niederlage und die Suche nach einer verläßlichen Richtschnur die Bevölkerung empfänglich für einen solchen Antiparlamentarismus, der ansonsten in den dreißiger Jahren nur latent vorhanden war. Bald aber merkte die Regierung an der öffentlichen Meinung, daß ihr der Kontakt zur Bevölkerung entglitt, mit der sie unentwegt ein »Vertrauensverhältnis« aufzubauen versuchte. Die Einrichtung des Nationalrates, einer rein konsultativen Kammer, die von Außenminister Pierre-Étienne Flandin im Januar 1941 erdacht worden war, hatte in dieser Hinsicht keinerlei Wirkung.

Die Légion

Mit der *Légion* hatte das Regime kaum mehr Glück. Bereits im Juli 1940 hatte Pétain den Vorschlag von Marcel Déat und Gaston Bergery abgelehnt, eine Einheitspartei zu gründen, die – nach dem Vorbild der faschistischen und nationalsozialistischen Parteien – die Speerspitze des Regimes bilden sollte (Burrin, 1986). Die Mobilisierung aller Kräfte wurde durch ein Gesetz vom 29. August 1940 der *Légion française des combattants* (»Französische Legion der Frontkämpfer«) übertragen. Sie faßte in einer Einheitsorganisation die ehemaligen Kriegsteilnehmer zusammen, deren alte Organisationen aufgelöst worden waren. Da man über keine parlamentarische Schaltstelle verfügte, wollte man von der Treue der ehemaligen Kriegsteilnehmer zu Marschall Pétain profitieren – insbesondere der Kämpfer von 1914–1918; doch sollten auch die Soldaten der jüngsten Feldzüge dabei sein, um aus ihnen privilegierte, in beide Richtungen arbeitende Verbindungselemente zwischen der Macht und der Bevölkerung zu machen.

Unter der Leitung von Xavier Vallat, Abgeordneter der extremen Rechten und Schwerkriegsbeschädigter, sollte die *Légion* »im Dienste des Landes alle ehemaligen Kriegsteilnehmer zusammenfassen, die gegenseitige Hilfe organisieren sowie die Zusammenarbeit der ehemaligen Kriegsteilnehmer im Bereich des öffentlichen Dienstes innerhalb der Kommunen, der Departements, der Provinzen und der Nation sichern«. Es war vor allem dieser letzte Auftrag, der offensichtlich die größte Neuerung, allerdings auch Anlaß für die schwerste der kommenden Enttäuschungen war, denn die Verwaltung, angefangen bei den Mitarbeitern der Präfekturen, hatte keineswegs die Absicht, sich unter die Aufsicht dieser »Augen und Ohren des Marschalls« stellen zu lassen. In dieser Ablehnung wurde sie in der besetzten Zone von einer deutschen Verfügung unterstützt, die am 22. September erlassen, aber mit Bedacht auf den 27. August vordatiert worden war, damit sie auch für die *Légion* galt. Das Gesetz untersagte die Gründung jeglicher neuen Organisation in der Besatzungszone und zielte damit direkt auf die neue Vereinigung, an der die Besatzer weder den in ihren Augen paramilitärischen Charakter noch die revanchistische und konservative Ideologie schätzten.

»Die *Légion*, Motor der Nationalen Revolution«

Wir sollten loyal und mutig anerkennen, daß die Niederlage die logische, unvermeidliche und gerechte Konsequenz der französischen Dekadenz war. Zwanzig Jahre Schlamperei verdienen es nicht, durch einen Sieg belohnt zu werden. Wir sind nicht so sehr vom Gegner besiegt worden, der sicherlich der Stärkere war, als vielmehr von unserer Faulheit, unserer Feigheit, unserer Verwahrlosung, unseren verlotterten Sitten, mit einem Wort: durch den Zusammenbruch unserer nationalen Seele. [...]

Genau zu jener Stunde, da unsere Herren erschreckt von den Ruinen, die sich unter ihren Schritten anhäuften, uns der Gnade des Siegers überließen und flohen, um weit weg von Frankreich wer weiß welchen Widerstand zu rechtfertigen, hat der Führer »mit den himmelblauen Augen«, den die Vorsehung uns bewahrt hat, die Bürde unserer Fehler und des militärischen Desasters auf seine Schultern genommen. Mit Pétain geht Frankreich von nun an auf dem Weg der Wiederauferstehung. Es ist reich an Gewißheiten. Es wird in seiner Jahrtausendaufgabe angetrieben durch einen frischen und fundierten Glauben. Das leere Geschwätz hat ein Ende gefunden. Eine neue Ordnung entsteht. Das Bistro gibt nicht mehr den Ton an. Auch nicht der Erpresser, der Nachahmer provoziert. Auch nicht der Drahtzieher im Hinterzimmer der Freimaurer. Auch nicht der profitgierige Wertpapierhändler. Jacques Bonhomme[4] ist wieder Herr im eigenen Haus. [...]

Die *Légion française des combattants*, deren Präsident Pétain in seiner Güte geworden ist, wird der Motor der Nationalen Revolution sein. Sie ist es, die den neuen Geist bis ins letzte Dorf tragen und die neue Ordnung errichten wird. Die Legion, geistige Sachwalterin der Toten der zwei Kriege, erhabene Fackel des französischen Strebens, Aristokratie des Mutes, Rittertum der neuen Zeit, Symbol und Lohn des weitblikkenden Patriotismus – sie wird die soziale Rüstung des Landes bilden. Die Legion wird die wahre Brüderlichkeit an die Macht bringen und jedem Franzosen den Stolz auf Frankreich zurückgeben.

Almanach de la Légion française des combattants (1941) S. 46–50.

4 Synonym für den bodenständigen Franzosen, vergleichbar dem deutschen Michel.

III
Von der Besatzung zur Kollaboration

Da das Regime davon überzeugt war, daß die eigentliche Ursache für die französische Niederlage in der Schwäche des Staates lag, wollte es ihn von Grund auf neu gestalten. Dieses Vorhaben hatte natürlich nur einen Sinn, wenn es trotz der Umstände überhaupt einen Staat gab, dem man dienen konnte. Deshalb legte Vichy von Anfang an besonderen und nachdrücklichen Wert darauf, Ausmaß und Inhalt seiner Souveränität über das gesamte nationale Territorium hervorzuheben, und glaubte, durch die Kollaboration des Staates dem Würgegriff zu entkommen, in dem ihn die Bedingungen des Waffenstillstandes hielten. Aber das Spiel wurde nicht mit gleichen Einsätzen gespielt, denn die Deutschen hatten die Möglichkeit, die Regeln jederzeit zu ändern.

Zwischen der Nationalen Revolution und der Kollaboration herrschte nicht nur Gleichzeitigkeit, sondern vielmehr eine wechselseitige Abhängigkeit. Pétain war entschlossen, um jeden Preis auf französischem Boden zu bleiben. Seine erste Entscheidung, die Bitte um Waffenstillstand, und sein hauptsächliches Faustpfand, das Angebot der Kollaboration, bildeten insofern tatsächlich ein untrennbares Paar, wie es General de Gaulle von Beginn an angeprangert hatte. Frankreich erhalten zu müssen, das heißt die Souveränität seiner Regierung über das gesamte nationale Territorium zu bewahren, blieb bis zum Schluß die Zwangsvorstellung von Vichy. Das ist einer der Schlüssel, um den Entwicklungsprozeß zu verstehen, der vom Kompromiß über die Kompromittierung schließlich in die vollständige Unterwerfung des französischen Staates unter seinen nationalsozialistischen Bezwinger führte.

Der Waffenstillstand und seine Folgen

Die Bedingungen des Waffenstillstandes

Am 16. Juni hatte die französische Regierung von Bordeaux aus, über spanische Vermittlerdienste, das Reich nach den Bedingungen eines Waffenstillstandes gefragt – und wenn man dem Inhalt des offiziellen Telegramms glauben darf, sogar nach den Konditionen eines Friedens, was nicht dasselbe ist. Sie hielt die von den Deutschen gestellten Bedingungen für »hart, aber nicht entehrend«, weil von einer »Polonisierung« des Landes, das heißt von der Ernennung eines deutschen Gouverneurs, der es verwalten sollte, abgesehen wurde. Der Waffenstillstandsvertrag wurde daraufhin am 22. Juni 1940 bei Compiègne auf der Lichtung von Rethondes in demselben Waggon unterzeichnet, in dem im November 1918 die deutsche Kapitulation entgegengenommen worden war. Er trat am 25. Juni in Kraft, nachdem in Turin inzwischen auch ein Waffenstillstand zwischen Frankreich und Italien, das erst zwei Wochen zuvor den Krieg erklärt hatte, unterzeichnet worden war.

Die Bestimmungen des Waffenstillstandes wahrten den Schein (Jäckel, 1966; Duroselle, 1982). Prinzipiell wurde die Souveränität der französischen Regierung über das gesamte Territorium anerkannt, darin eingeschlossen der Teil – und das waren drei Fünftel der gesamten Fläche des Landes –, der von den deutschen Truppen besetzt war nördlich einer Linie, die »im Süden an der spanischen Grenze östlich von Hendaye begann, dann östlich von Bordeaux, Angoulême und Poitiers verlief und knapp südlich von Tours nach Osten abbog, von wo sie nördlich an Moulins und Chalons-sur-Saône vorbei schließlich nördlich von Genf die Grenze zur Schweiz erreichte« (Jäckel, 1966). Die Überwachung dieser Demarkationslinie bedeutete ein wichtiges politisches und wirtschaftliches Druckmittel, das dem Besatzer zur Verfügung stand, denn der größte Teil der französischen Ressourcen an industriellen und landwirtschaftlichen Rohstoffen befand sich in jenem Teil Frankreichs, den er kontrollierte. Er war also praktisch in der Lage, das Land zu ersticken und auszuhungern.

Frankreich mußte seine Besetzung »zur Sicherung der Interessen des Deutschen Reiches« nicht nur akzeptieren, sondern dafür auch noch die Kosten tragen: Die Höhe der Besatzungskosten wurde von Deutschland einseitig auf zwanzig Millionen Reichsmark pro Tag festgelegt. Obwohl Frankreich dagegen protestierte und darauf hinwies, daß diese Summe ausreiche, um eine Armee von achtzehn Millionen Mann zu unterhalten, wurde es gezwungen, sich zu fügen (Bouthillier, 1951). Die Last war um so schwerer zu tragen – und erhöhte das Risiko einer Inflation (Margairaz, 1991) –, als der offizielle Wechselkurs von Deutschland auf zwanzig Francs für eine Reichsmark festgesetzt worden war, was eine reale Abwertung des Francs um 20 % im Verhältnis zur Reichsmark bedeutete und somit die Kaufkraft der Besatzer noch erhöhte.

Kommende Gefahren

Zwei Artikel der Waffenstillstandsbedingungen hatten tiefgreifende Wirkung. Auf moralischem Gebiet war der Artikel 19 inakzeptabel, denn er verpflichtete Frankreich, dem Reich alle Deutschen auszuliefern, die sich auf seinem Territorium befanden, inklusive der Gegner des Nationalsozialismus, die hier politisches Asyl gefunden hatten. Artikel 20 verschob die Freilassung der Kriegsgefangenen auf die Zeit nach der Unterzeichnung des Friedensvertrages und verschaffte damit der deutschen Seite einen entscheidenden Vorteil in dem Spiel, das nun begann. Während der gesamten Besatzungszeit wußte sie dieses Faustpfand geschickt als wirksames Druckmittel gegenüber der öffentlichen Meinung und der französischen Regierung einzusetzen, die zu vielem bereit war, um die Rückkehr dieses jungen und aktiven Teils der Bevölkerung in die Heimat zu erreichen (Durand, 1980).

Die genauen Ausführungsbestimmungen des Waffenstillstandes sollten in einer Waffenstillstandskommission diskutiert werden, die in Wiesbaden eingerichtet wurde, einer von Vichy aus nur schwer erreichbaren Stadt, die aber, auch das ein Symbol, in der ehemaligen französischen Besatzungszone nach dem Ersten Weltkrieg lag. Die Regierung ernannte für Wiesbaden eine Delegation, deren Vorsitz der Unterzeichner des Waffenstillstandes, General Huntziger, übernahm, »der die französischen Interessen vertreten und die Ausführungsbefehle der deutschen Waffenstillstandskommission entgegennehmen sollte«. Im übrigen behielt sich das Reich die Möglichkeit vor, den Waffenstillstand jederzeit aufzukündigen, und damit auch die Möglichkeit, den Kampf wieder aufzunehmen – und das, nachdem die französischen Truppen, mit Ausnahme einer Armee von hunderttausend Soldaten, die die Ordnung aufrechterhalten sollte, demobilisiert worden waren. Diese Aufkündigung drohte für den Fall, daß »die französische Regierung nicht die Verpflichtungen erfüllt, die sie in dem vorliegenden Abkommen übernommen hat«. Und diese Verpflichtungen erwiesen sich als um so drückender, als man sich ab dem Herbst 1940, nachdem die deutschen Pläne einer Invasion Englands gescheitert waren, auf einen langen Krieg einrichten mußte.

Zum Zeitpunkt seiner Unterzeichnung erschien der Waffenstillstand der Mehrheit der Franzosen wie eine bittere, aber notwendige Pille. Die Beendigung der Feindseligkeiten machte es nämlich möglich, ein Land zu stabilisieren, das in völliger Auflösung begriffen war. Henri du Moulin de Labarthète, ein persönlicher Berater Pétains, hielt es für angebracht, sich »– zumindest vorübergehend – an seine Bestimmungen zu halten, sie dann zu umgehen und Zeit zu gewinnen«.

Frankreich unter dem Waffenstillstand

Ein aufgeteiltes Land

Weit davon entfernt, eine solch günstige Entwicklung zu ermöglichen, zeigten die Deutschen rasch, daß die Bedingungen des Waffenstillstandsabkommens nur der Anfang dessen waren, was sie Frankreich an Verpflichtungen aufzwingen wollten. Das französische Mutterland wurde zum Objekt einer regelrechten Zerstückelung, die weit über eine einfache Teilung in eine besetzte und eine unbesetzte Zone hinausging, wie sie im Vertrag vorgesehen war.

Bereits vor dem Waffenstillstand waren die beiden nördlichen Departements Nord und Pas-de-Calais dem Zuständigkeitsbereich der deutschen Militärverwaltung in Belgien, mit Sitz in Brüssel, zugeschlagen worden. Für diese Abtrennung wurden zunächst militärische Gründe ins Feld geführt, doch konnte sie, nach Abschluß eines Friedensvertrages, auch zum Ausgangspunkt für ein weiterreichendes Projekt werden: für die Bildung eines überwiegend »germanischen« Gebietes, das den Norden Frankreichs, Belgiens und sogar die Niederlande einschloß. Die Regierung von Vichy, für die nationale Souveränität und Verteidigung der territorialen Integrität eng miteinander verknüpft waren, stand folglich dauernd vor der Gefahr einer Spaltung des Landes, einer Spaltung, die durch das Nebeneinander zweier deutscher, voneinander unabhängiger Überwachungsstellen, also von zwei nicht koordinierten Verwaltungen, begünstigt wurde.

Noch schmerzlicher für Frankreich war die Entwicklung in Elsaß-Lothringen. Obwohl Deutschland noch im Dezember 1938 feierlich die östliche Grenze Frankreichs anerkannt hatte und sich das Waffenstillstandsabkommen über diesen Punkt ausschwieg, wurde die »Germanisierung« der Departements Bas-Rhin, Haut-Rhin und Moselle umgehend in Angriff genommen. Die beiden elsässischen Departements wurden dem Gau Baden und das lothringische Departement Moselle dem Gau Saar-Pfalz angegliedert. Bereits Ende Juni wurden die französischen Präfekten und Unterpräfekten, die vor Ort geblieben waren, verhaftet und erwarteten ihre Ausweisung, während sich die Gauleiter darum bemühten, die Verwaltung nach deutschem Vorbild und mit Personal aus dem Reich zu übernehmen. Auf diese De-facto-Annexion, einen offenkundigen Bruch der Waffenstillstandsbedingungen, konnte Vichy nur mit einem formellen – und lediglich mündlich beantworteten – Protest reagieren.

Andere Abtrennungen folgten: Eine Sperrzone erstreckte sich nördlich der Somme und der Aisne, die die Departements gleichen Namens durchtrennte. Eine noch viel größere, reservierte Zone wurde gebildet, deren Grenzverlauf den Konturen des mittelalterlichen Lotharingien folgend die Gebiete nordöstlich der Maas, der Aisne und der Saône, das heißt also ganz oder teilweise acht französische Departements umschloß. Diese beiden Maßnahmen waren für die Zukunft ein beunruhigendes Moment, denn sie schienen die Gebiete eines – mehr oder minder konstruierten – »germanischen Raums« zu begrenzen, der bei Abschluß eines Friedensvertrages auf eine wahrscheinliche Eingliederung in das Reich hindeutete. In diesem Teil des französischen Mutterlandes durften Beamte ihre Posten erst nach Zustimmung der deutschen Militärverwaltung wieder einnehmen, und sie mußten sich auch an sie wenden, um einen Passierschein zu erbitten. Im übrigen durften Flüchtlinge nicht in diese Gebiete zurückkehren; ihre Höfe waren für die Besiedelung durch »reinrassige« Angehörige des Reiches vorgesehen, worum sich eine deutsche Gesellschaft, »Ostland« genannt, kümmerte.

All diese Abtrennungen erfolgten nach und nach im Zuge der militärischen Ereignisse. Ab April 1941 entstand innerhalb der Departements Nord und Pas-de-Calais eine Sperrzone an der Küste, ein Gebietsstreifen, der dem Küstenverlauf auf einer Tiefe von achtzehn Kilometern folgte. Es war also ein extrem zerstückeltes Gebiet, das die französische Administration während der Dauer der Besatzung zu verwalten hatte: In der nördlichen Zone wurden nur zwölf Departements nicht durch eine der Grenzlinien durchschnitten, die Frankreich in sieben Zonen aufteilten. Mit den Grenzen, die von seinen Truppen überwacht wurden, verfügte der Besatzer zugleich über ein entscheidendes Instrument, die Autonomie fein zu dosieren, die er den französischen Behörden zugestehen wollte. An diesen Bedingungen kann man den relativen Grad der Souveränität, auf die Vichy seine Legitimität hauptsächlich gründete, und zugleich die Schwierigkeiten der alltäglichen Verwaltung des Landes ablesen.

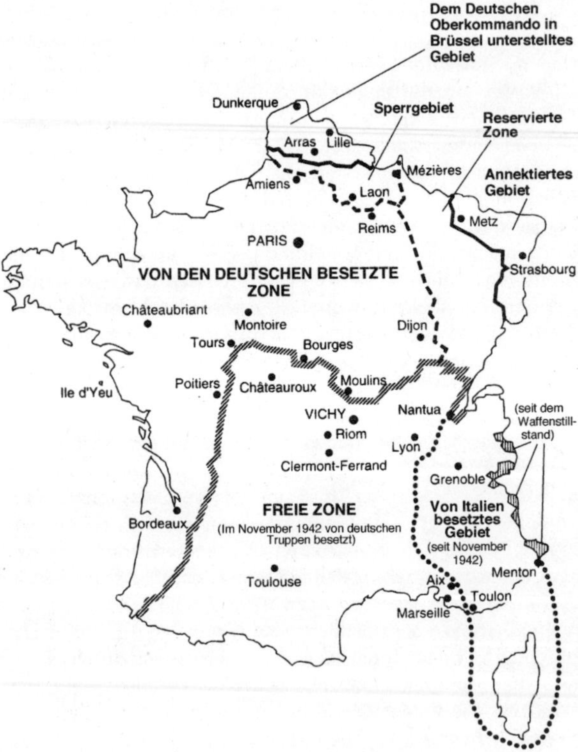

Das besetzte Frankreich

Zwei Hauptstädte

Zur Debatte stand auch die Frage nach der Hauptstadt des auf diese Weise neugestalteten Frankreich. Im Juli 1940 schien die Anwesenheit der Regierung in Vichy nur ein Zufallsprodukt des Krieges zu sein: Sie war auf die dramatischen Umstände der vorausgegangenen Wochen zurückzuführen und sollte mit der Rückkehr zu einem normalen Regierungsalltag ein Ende nehmen, wie es im übrigen auch im Waffenstillstandsvertrag vorgesehen war. In den Augen von Marschall Pétain und seiner Regierungsmannschaft konnte nichts den Erfolg der durch den Waffenstillstand besiegelten Politik des Verbleibens im Land deutlicher unterstreichen als die Rückkehr der Regierung nach Paris, weshalb sich die französische Delegation in Wiesbaden seit Anfang Juli darum bemühte. Obwohl die Deutschen eine hinhaltende Antwort nach der anderen gaben, wurden Pläne ausgearbeitet, die die Ministerien auf Paris und Versailles verteilten, wobei Versailles wie zur Zeit des Ancien régime wieder Sitz der Regierung werden sollte. Dort würden der Staatschef und die Ministerien residieren, auf die sich die nationale Souveränität gründete. Gedacht war vor allem an das Außenministerium sowie insbesondere an die militärischen Abteilungen. Diese Pläne verzögerten sich allerdings, und die Entlassung von Laval durch Pétain am 13. Dezember 1940 versetzte ihnen schließlich den Gnadenstoß.

Ein besetztes Land

In Paris hatten sich inzwischen mehrere deutsche Besatzungsverwaltungen installiert. Die Koordination zwischen ihnen funktionierte schlecht, was zu ständigen Konflikten zwischen der Rue de Lille, dem Sitz der von Otto Abetz geleiteten deutschen »Botschaft«, und dem Hôtel Majestic in der Avenue Kléber führte, wo die Dienststellen untergebracht waren, die dem Militärbefehlshaber in Frankreich (MBF) unterstanden. Die Abteilung, die im Hôtel Majestic mit der Überwachung der französischen Verwaltung beauftragt war, wurde Werner Best unterstellt, einem ehemaligen Mitarbeiter von Reinhard Heydrich, dem Chef der Gestapo.

Die Lage wurde noch komplizierter durch die Existenz der Kommission in Wiesbaden, die als einzige befugt war, über den Teil der deutsch-französischen Beziehungen zu verhandeln, der sich auf Bestimmungen des Waffenstillstandsvertrages bezog. Die Situation stabilisierte sich vorübergehend dank einer Aufgabenteilung: Während Abetz es vorzog, sich hauptsächlich um den Kontakt zu den politischen, intellektuellen und journalistischen Kreisen zu kümmern, fungierte General Otto von Stülpnagel, der Militärbefehlshaber, als Ansprechpartner – wenn nicht gar als Vormund – der französischen Regierung in allen wirtschaftlichen und administrativen Fragen. Sein Zuständigkeitsbereich reichte sehr weit, da er bis zum Ausscheiden von Stülpnagel im Februar 1942 auch alle Polizeiangelegenheiten umfaßte. Der MBF bildete die Spitze des Besatzungsapparates, der sich aus den Feldkommandanturen in den einzelnen Departements zusammensetzte. Von diesen waren wiederum jeweils zehn oder fünfzehn zu einer Oberfeldkommandantur zusammengeschlossen, die ihrerseits einem der drei Militärverwaltungsbezirke unterstellt war.

Der Weg in die Kollaboration

»Jetzt, nach seinem Sieg, kann uns Deutschland einen neuen Frieden auf der Grundlage der Kollaboration [bieten]«, hatte der Staatschef am 11. Oktober in einer Erklärung verkündet, die im Radio von Jean-Louis Tixier-Vignancour verlesen wurde. Keine zwei Wochen später symbolisierte ein Händedruck zwischen Pétain und Hitler das Prinzip dieser neuen Politik.

Montoire

Man hat viel über die Begegnung von Montoire geschrieben, das für die einen »das diplomatische Verdun« war, wo Hitler sich von Pétain, dem »alten Fuchs«, zum Narren halten ließ, während die anderen, im Gegenteil, den improvisierten Charakter des Treffens betonten, das dem widerstrebenden Pétain von Laval aufgezwungen worden war: »Das Steuer wurde auf jeden Fall herumgerissen und das politische Vokabular Frankreichs mit einem neuen Wort belastet, das bald alle faulen Kompromisse, jeden Verrat abdecken sollte« (du Moulin de Labarthète, 1946). Ob man ihn nun glorifiziert oder herunterzuspielen sucht, der Händedruck von Montoire am 24. Oktober 1940 kann auf keinen Fall auf einen simplen Zufall der Geschichte zurückgeführt werden; dazu hatte die am 30. Oktober im Radio ausgestrahlte Rede von Pétain eine viel zu große Wirkung. In ihr hatte der Staatschef verkündet, daß er »in Ehren und zur Aufrechterhaltung der Einheit Frankreichs, einer in zehn Jahrhunderten gewachsenen Einheit, im Rahmen einer konstruktiven Rolle in der neuen politischen Ordnung Europas den Weg der Kollaboration einschlagen« wolle.

Die Idee einer neuen Politik, die darauf abzielte, Frankreich vor den deutschen (Panzer-)Wagen zu spannen, hatte in Berlin in den letzten Septembertagen Gestalt angenommen. Hitler war in der Tat freudig überrascht von dem tatkräftigen Einsatz der befreundeten Vichy-Truppen, die die senegalesische Hafenstadt Dakar am 23. und 24. September gegen den Landungsversuch der Freien Franzosen unter Führung von de Gaulle verteidigt hatten. Der von Pétain in seiner Rede vom 11. Oktober lancierte Appell, sich zur neuen europäischen Ordnung zu bekennen, wurde in Deutschland positiv aufgenommen, nachdem sich Hitler eine glatte Absage Spaniens eingehandelt hatte. Franco war nicht bereit, seine Neutralität aufzugeben, statt dessen verfolgte er mit größtem Interesse die Entwicklung der Ereignisse, insbesondere den Widerstand Großbritanniens.

Ganz anders die Reaktion in Vichy: Weil sie den Krieg für verloren erachtete und eine »neue europäische Ordnung« auf dem Kontinent mit dem Zentrum Deutschland für unausweichlich hielt, beschritt die französische Regierung einen Weg, von dem sie erwartete, daß er Frankreich bei einem zukünftigen Friedensvertrag zu günstigen Bedingungen verhelfen würde. Entscheidend war auch hier wieder das Streben nach Souveränität, die unabdingbar für die Wiedererlangung der französischen Einheit war: Die Kollaboration verstand sich bereits als Beweis des guten Willens, durch den Vichy die Deutschen zu überzeugen suchte, daß sie ohne Bedenken dem französischen Staat nach und nach die Instrumente seiner Legitimität, allen voran die Führung der Polizeikräfte, zurückgeben konnten. Das Regime erwartete von dem neuen Kurs, den die deutsch-französischen Beziehungen auf diese Weise einschlagen würden, ein Nachlassen des durch den Waffenstillstand bedingten übermächtigen Drucks. Der erhoffte Effekt waren die Rückkehr der Gefangenen, dank der Verringerung der Besatzungskosten die Gesundung der öffentlichen Finanzen sowie die Verteidigung der nationalen Souveränität. Man konnte dadurch die politische, wirtschaftliche und soziale Lage des Landes spürbar verbessern und die Nationale Revolution auf eine solide Grundlage stellen, die ihre dauerhafte Verankerung in der französischen Gesellschaft ermöglichte.

Während die französische Regierung viel von den Versprechen von Montoire erwartete, war die deutsche Position eher zurückhaltend. Da die Waffenstillstandsbedingungen die Verwaltung des Besiegten bereits zu einer loyalen Zusammenarbeit mit dem Besatzer verpflichteten, konnte der neue Kurs manche Dinge allenfalls noch beschleunigen; doch schien dem Sieger der Preis dafür vergleichsweise hoch, wenn er sich zu Konzessionen bereit finden sollte, deren Überflüssigkeit drei Monate Waffenstillstandspraxis bereits bewiesen hatten. Heute wissen wir, daß Zugeständnisse von den nationalsozialistischen Führern überhaupt nicht geplant waren. Von Anfang an war die Staatskollaboration lediglich eine schöne Illusion (Azéma, 1979).

Kurz nach Montoire erhielt man dafür einen Beweis, der für Vichy sehr bitter war: Gegen den Rat von Abetz und des MBF gab Hitler Mitte November 1940 seine Zustimmung zur Ausweisung von einigen hunderttausend Franzosen, die aus Lothringen stammten. Die Aktion schlug große Wellen in Frankreich. Weniger als einen Monat nach Montoire vertrieb sie die Illusionen der Franzosen, die einen Augenblick lang geglaubt hatten, das Spiel einer gleichberechtigten Kollaboration spielen zu können. In seinem umfangreichen Tagebuch notierte der politische Leitartikler der Zeitung *La Croix*, Pierre Limagne, unter dem Datum des 14. November 1940, daß bereits »95 % der Franzosen gegen die Deutschen« seien (Limagne, Bd. 1, 1946).

Der Staat: Partner in der Kollaboration

Die Besatzer beabsichtigten sehr wohl, die politischen und administrativen Möglichkeiten des Vichy-Regimes zu nutzen, um zur Aufrechterhaltung der öffentlichen Ordnung in Frankreich nicht selbst Truppen abstellen zu müssen, die bei militärischen Operationen weit nützlicher waren. Der vergleichsweise kleine Verwaltungsapparat, den sie dazu einsetzten, sollte die täglichen Aktionen der französischen Regierung kontrollieren, ohne bei den unpopulärsten Maßnahmen selbst in Erscheinung zu treten.

Die obligatorische Kollaboration. Artikel 3 des Waffenstillstandsvertrages legte das Prinzip der Zusammenarbeit fest, die die französische Administration den Deutschen bei der Ausübung ihrer Rechte als Besatzungsmacht schuldete: »In den besetzten Regionen Frankreichs übt das Deutsche Reich alle Rechte als Besatzungsmacht aus. Die französische Regierung verpflichtet sich, mit allen Mitteln die Bestimmungen, die die Ausübung dieser Rechte sowie ihre Durchführung betreffen, mit Hilfe der französischen Verwaltung zu unterstützen. Die französische Regierung fordert unverzüglich alle französischen Einrichtungen und alle französischen Verwaltungen des besetzten Gebietes auf, sich den Bestimmungen der deutschen Militärverwaltung unterzuordnen und mit ihr in korrekter Weise zusammenzuarbeiten.«

Formell praktizierte die Verwaltung bereits seit dem 25. Juni 1940 insofern eine gewisse Art der Kollaboration, als »die Koexistenz der beiden Bürokratien auf demselben Territorium es den Franzosen unmöglich machte, nach dem Vorbild des während der Besatzungszeit im Untergrund geschriebenen Romans *Le Silence de la mer* (*Das Schweigen des Meeres*) durch beharrliches Schweigen Widerstand zu leisten« (Hoffman, 1974). Wie der Chefdelegierte der

Vichy-Regierung in den besetzten Gebieten im September 1940 an die Präfekten schrieb, »muß die Kollaboration mit den Besatzungsmächten höflich und loyal sein, ohne Würde und Entschlossenheit auszuschließen. Es ist angeraten, die Anordnungen und Befehle weiterzuleiten, die der Bevölkerung nach den Bestimmungen des Waffenstillstandes erteilt werden. Aber man sollte ihre Ausführung überwachen, ohne selbst dafür die Verantwortung zu übernehmen, damit die Bevölkerung eine klare Unterscheidung treffen kann.«

Ein abhängiger Staat. Die französische Regierung wurde sich rasch ihrer Abhängigkeit von der Besatzungsmacht bewußt. Diese beaufsichtigte, um ihren Standpunkt durchzusetzen, nicht nur die Veröffentlichung der Gesetzestexte und der Verordnungen im *Journal officiel*, sie besaß auch das Kontrollrecht bei der Nominierung der hohen Beamten. Im August 1940 hatten die deutschen Besatzungsbehörden zunächst gefordert, daß diese Ernennungen vollständig ihrer Kontrolle unterliegen sollten, doch konnte durch den von der Vichy-Regierung gezeigten guten Willen im folgenden September ein Modus vivendi gefunden werden, der sich auf gegenseitiges Vertrauen gründete. Man kann also davon ausgehen, daß während der gesamten Besatzungszeit kein Amtsleiter, Präfekt oder Außenminister von Vichy ohne die Zustimmung der deutschen Behörden ernannt worden ist, auch wenn diese den Eindruck zu vermeiden suchten, sich allzu direkt in die Verwaltung Frankreichs einzumischen, und die französische Regierung deshalb mehrere Male an ihre eigenen Kompetenzen erinnerte.

Dennoch gab es – je mehr die Deutschen im Laufe der Zeit von den Spitzen des öffentlichen Dienstes Frankreichs ein stärkeres Engagement für die Kollaboration erwarteten – Forderungen der Besatzer, daß gewisse Beamte von ihrem Posten enthoben werden sollten, weil sie die in sie gesetzten Erwartungen nicht erfüllten. Diese Einmischung war in bestimmten Bereichen, speziell in denen, die mit der Aufrechterhaltung der Ordnung befaßt waren, besonders spürbar: Die Dienststellen der Präfekturen wurden daraufhin insbesondere in den letzten Wochen des Jahres 1943 und zu Beginn des Jahres 1944 gründlich überprüft und »gesäubert«.

Die Falle der formalen Souveränität

Auf die unablässigen deutschen Eingriffe in jene Bereiche, die seiner Souveränität unterstanden, konnte Vichy auf zweierlei Art reagieren, wobei die Regierung zumeist beide Mittel zugleich einsetzte. Vichy konnte einerseits protestieren, indem es versuchte, die Bereiche einzuschränken, auf die sich die Interventionsgier des Besatzers bezog; aber dieser Kampf wurde mit ungleichen Waffen geführt, denn die französische Regierung blieb trotz der Bemühungen ihrer Delegation in Wiesbaden auf juristischem Terrain nur selten Sieger. Andererseits konnte Vichy, wenn es zu schmerzhaft oder aber aus innenpolitischen Gründen zu gefährlich war, diese Übergriffe zu dulden, sich bemühen, die Forderungen des Feindes in französische Initiativen umzuwandeln, damit nach außen nicht der Anschein entstand, man gebe dem Druck nach. Dieses Verhalten, das die französische Regierung veranlaßte, den Wünschen des Besatzers vorzugreifen, um nicht den Eindruck zu erwecken, ihnen nur Folge zu leisten, entsprach ziemlich genau dem, was die Deutschen von der Kollaboration erwarteten. Diese Politik, die von Anfang an von den Vertretern des Freien Frankreich angeprangert wurde, offenbarte ihre Ausweglosigkeit in ihrer ganzen Tragik, als der vom Besatzer geforderte Tribut nicht mehr allein in Krediten und Rohstoffen bestand, sondern nun auch in Juden, die deportiert werden sollten.

Ein Plädoyer für die Kollaboration: amerikanisches Modell und »kontinentale Solidarität« aus der Sicht von Alfred Fabre-Luce, Ende 1941

Die kontinentale Solidarität beherrscht in Einzelaspekten viele Gemüter, die ihr die generelle Gültigkeit bislang noch absprechen. Aber der Krieg wird allmählich zu einem Krieg der Kontinente. 1939, als Italien und die Vereinigten Staaten neutral waren, konnten die Franzosen noch glauben, daß sie die romanische Zivilisation gegen eine nationalsozialistische Barbarei verteidigten. 1941, da das lateinische Europa Deutschland unterstützt und die Vereinigten Staaten sich dem gegnerischen Lager annähern, hat sich die Situation entscheidend geändert. Die Ideologie reicht nicht aus, um zu vereinigen, was die Erde, das Klima und die Sitten trennen. Der Amerikaner kann sich für »frei« halten, wir wissen, daß er es in einem tieferen Sinne, in dem wir das Wort verstehen, nicht ist. Sicherlich hat er das Recht, unter zwei großen Interessengruppen zu wählen, zwischen einer republikanischen Maschinerie und einer demokratischen Maschinerie – aber er kann nicht gegen die finanziellen Interessen stimmen, die sie beide leiten. Er kann seine Persönlichkeit nicht einmal in den Dingen des täglichen Lebens behaupten. Als Leser der Zeitungen übernimmt er Meinungen eines jüdischen Konsortiums. Als Zuschauer im Kino erträgt er das Joch der puritanischen Vereine. Als Verbraucher kauft er das, was die Diktatoren der Serienproduktion und der Werbung für ihn ausgewählt haben. [...]

Im besetzten und »faschistischen« Frankreich des Jahres 1941 bestehen dagegen überall dort Zonen der Freiheit im alten Stil fort, wo es geschützte Nischen, unterschiedliche Kulturen, individuelle Phantasie und einen offenen Horizont gibt; und der junge Mensch, der vorher trügerischen Vergnügungen nachging, schwingt sich dort, in dem Lager, in dem er zu glauben lernt, zu einer höheren Freiheit auf. Wir fühlen uns also in vielfacher Hinsicht weniger als Sklaven als unsere potentiellen »Befreier«. Ihr Sieg würde uns vielleicht die Institutionen wiedergeben, die unsere Dekadenz ausgebrütet haben, aber er würde uns gezwungenermaßen in Kunden ihrer Trusts verwandeln: Alles in allem wäre das keine Emanzipation.

Journal de la France. Bd. 2: Août 1940 – avril 1942. Paris: JEP, 1942. S. 122 f.

IV
Weichenstellung: Das Regime bis zum November 1942

Das frühe Vichy (Juli 1940 – August 1941)

Pétain, Laval, Darlan

Als Staatschef und zugleich Ministerpräsident hatte Marschall Pétain am 12. Juli 1940 eine Regierung gebildet, in der der neue starke Mann, Pierre Laval, den Posten des Vizepräsidenten des Ministerrates innehatte. Die Verteidigung wurde General Maxime Weygand anvertraut, dem drei Offiziere im Generalsrang zur Seite standen, darunter Admiral François Darlan für die Marine. Das Finanzministerium ging an den Finanzinspektor Yves Bouthillier, der dieses Amt bereits in der Regierung Reynaud versehen hatte, während einige Parlamentarier, deren politische Neigungen vom gemäßigten Liberalismus bis zur extremen Rechten reichten, die ganze Bandbreite der Unterstützung illustrierten, die zwei Tage zuvor der Person des Marschalls massiv zuteil geworden war. Bereits im September wurde diese Regierung umgebildet, um die Parlamentarier zu entfernen, zu denen der Staatschef kein Vertrauen mehr hatte; ihre Nachfolger waren hohe Beamte, die das Kabinett der Technokraten und Militärs vervollständigten.

Laval war der einzige Parlamentarier, der übrigblieb und der – weiterhin die Nummer zwei des Regimes (gleichzeitig designierter Nachfolger des Staatschefs und weiterhin Vizepräsident des Ministerrates) – unmittelbar nach Montoire auch das Außenministerium übernahm, das ihm bis dahin verweigert worden war. Als alter Routinier des Parlamentslebens, der in der III. Republik viermal als Ministerpräsident amtiert hatte, hatte Laval eine Karriere hinter sich, die ihn in fünfundzwanzig Jahren vom Sozialismus zur gemäßigten Rechten geführt hatte (Kupferman, 1988). Er hielt den Zeitpunkt für gekommen, nunmehr seine Revanche an der Volksfront zu nehmen, deren Ziele das genaue Gegenteil dessen waren, was er 1935 als Regierungschef in diplomatischer Hinsicht (die Allianz mit Mussolinis Italien, dessen äthiopisches Abenteuer ihn damals sein Amt gekostet hatte) wie im wirtschaftlichen Bereich (die Deflation) verfolgt hatte.

Zur Zeit der Münchener Konferenz Pazifist und Verfechter einer Einigung mit den Diktatoren, wurde Laval ab dem Sommer 1940 der wichtigste Verhandlungspartner der Deutschen. Durch seine häufigen Reisen von Vichy nach Paris monopolisierte er den Kontakt mit ihnen und setzte ganz auf die Politik der Kollaboration. Pétain hatte zwar die gleiche Wahl getroffen – denn die indirekten Kontakte, die im Herbst 1940 mit den Engländern aufgenommen wurden, führten zu keinem greifbaren Ergebnis (Duroselle, 1982) –, doch das Auftreten und die Methoden von Laval gefielen ihm nicht. Auf Betreiben einiger seiner engsten Berater und Minister entließ er ihn am 13. Dezember 1940 aus seinen Ämtern und ließ ihn obendrein unter Arrest stellen.

Während diese Affäre dem Staatschef einen unleugbaren Anstieg seiner Popularität bei einer bereits anglophil und germanophob gestimmten Öffentlichkeit einbrachte, mißfiel sie Botschafter Abetz sehr. Dieser griff persönlich ein, damit zumindest die polizeilichen Maßnahmen aufgehoben wurden, die sich gegen den ehemaligen *Dauphin* Laval richteten. Doch er konnte weder Joachim von Ribbentrop, den Außenminister des Reiches, noch Hitler davon überzeugen,

Pétain die Rückkehr Lavals aufzuzwingen. Dieser war inzwischen durch ein Triumvirat ersetzt worden. Darin sollte auf diplomatischem Gebiet Außenminister Pierre-Étienne Flandin, der Ende 1934 für sechs Monate Ministerpräsident gewesen war, ein Mann der Mitte und ein überzeugter Anhänger des Münchener Abkommens, die wichtigste Rolle spielen. Aber die Deutschen zogen ihm Admiral Darlan vor, der seit 1937 Stabschef der Marine war und an dessen Englandfeindlichkeit sie keine Zweifel hegten. Am 10. Februar 1941 wurde der Marineminister Vizepräsident des Ministerrates, neben diesem Amt behielt er weiterhin das Marineministerium und übernahm zusätzlich den Posten des Außen- sowie des Innenministers.

Die Zusammensetzung der Regierung bestätigte den Einfluß der jungen Elite, die aus der hohen Bürokratie der Verwaltung oder technischen Behörden stammte und nun die Geschicke des Staates lenkte. Eine ganze Generation von Vierzigjährigen kam auf diese Weise an die Schaltstellen der Macht: Ob sie den Rang eines Staatssekretärs innehatten wie Jean Berthelot in der Propaganda, eines Generalsekretärs im Ministerrang wie Jean Bichelonne in der industriellen Produktion, eines Generaldelegierten wie François Lehideux im Amt für öffentliche Baumaßnahmen oder Jacques Barnaud in den deutsch-französischen Wirtschaftsbeziehungen, all diese brillanten Finanzinspektoren und Ingenieure waren überzeugt, daß in der Regierung nun die Stunde der Technokraten gekommen war. Obwohl sie sich selbst als unpolitisch bezeichneten – was sie nicht hinderte, häufig die Errungenschaften der autoritären Staaten hervorzuheben –, stellten sie ihre Kompetenzen in den Dienst des Programms der Erneuerung und des Wiederaufbaus, dem Marschall Pétain Frankreich unterwerfen wollte.

Neben diesen frühen Technokraten *avant la lettre* enthielt die Regierung auch ihr Teil an Notabeln, die dem Regime durch ihre Treue zum Staatschef und ihre Nähe zu seinen Ideen der autoritären Erneuerung nahestanden. Das galt für den Agraringenieur Pierre Caziot, der seit Juli 1940 Landwirtschaftsminister war, ebenso wie für die Professoren Jérôme Carcopino und Joseph Barthélemy. Beide waren *Membre de l'Institut,* und damit Träger höchster akademischer Ehren, und standen an der Spitze des Ministeriums für öffentliche Bildung beziehungsweise für Justiz.

Die Regierungen des *État français*
(Juli 1940 – April 1942)

	12. 7. 1940 – 6. 9. 1940	6. 9. 1940 – 13. 12. 1940	13. 12. 1940 – 23. 2. 1941	23. 2. 1941 – 18. 4. 1942
Vizepräsident des Ministerrates	Laval	Laval		Darlan
Inneres	Marquet	Peyrouton	Peyrouton	Darlan
Äußeres	Baudouin	Baudouin*	Flandin	Darlan
Finanzen	Bouthillier	Bouthillier	Bouthillier	Bouthillier
Justiz	Alibert	Alibert	Alibert**	Barthélemy
Krieg	Weygand	Huntziger	Huntziger	Huntziger

* Laval vom 28. Oktober 1940 an.
** Barthélemy vom 27. Januar 1941 an.

Die politischen Stützen des Regimes

Obwohl in den vier Regierungen, die im Laufe des ersten Jahres des *État français* aufeinanderfolgten, auf sehr viele Politiker unterschiedlicher Couleur zurückgegriffen wurde, konnte Vichy den großen Vorrat an regimetreuen Stützen nie erschöpfen. In diesem Zusammenhang sollte im übrigen darauf hingewiesen werden, daß das Regime den gleichen hohen Verschleiß an Ministern aufwies wie die III. Republik, deren Regierungsinstabilität es immer kritisierte.

Die gesamte parlamentarische Rechte fand sich im frühen Vichy wieder (Hoffman, 1974), gleichgültig, ob sie aus dem konservativen Katholizismus hervorgegangen war wie Jean Le Cour Grandmaison, Präsident der *Fédération nationale catholique* (»Vereinigung der nationalen Katholiken«), aus der autoritären Rechten wie Xavier Vallat und Jean Ybarnégaray, Abgeordneter des *Parti social français* (PSF; »Französische Soziale Partei«), oder aus dem liberalen Milieu mit Persönlichkeiten wie Lucien Romier, dem ehemaligen Leitartikler der Tageszeitung *Figaro* und engen Ratgeber des Staatschefs, sowie Jacques Bardoux, einem einflußreichen Senator aus dem Puy-de-Dôme. Hinzu kam die »schlagkräftige« Rechte der Ligen und der extremistischen Parteien aus der Vorkriegszeit: Jacques Doriot, der seine Karriere als Kommunist begonnen hatte und sich dann zum Führer des auf der äußersten Rechten beheimateten *Parti populaire français* (PPF; »Französische Volkspartei«) aufgeschwungen hatte, und Joseph Darnand – dessen Name zum Synonym der Faschisierung von Vichy in seiner letzten Phase wurde – versäumten keine Gelegenheit, Gehorsam gegenüber dem Regime zu demonstrieren.

Verglichen mit dieser massiven Präsenz waren die Reihen der Linken selbstverständlich spärlicher bestückt. Ihre Abgeordneten, desavouiert durch ihre Unterstützung der Volksfront, waren *persona non grata*, mit Ausnahme einiger Einzelpersonen, die den »neo«-sozialistischen Tendenzen nahestanden wie Marcel Déat und Adrien Marquet, oder Radikale waren wie Gaston Bergery. Diese waren besonders typische Vertreter einer Form des »Abgleitens in den Faschismus« (»*dérive fasciste*«; Burrin, 1986); sie hatten sich im Verlauf ihres Werdegangs allmählich der Rechten angenähert, mit der sie ein doppeltes gemeinsames Interesse verband, nämlich der Pazifismus Münchener Prägung und der Antikommunismus. Es war derselbe Weg, den auch überzeugte Männer der Linken zurücklegten, um sich schließlich dem Regime anzuschließen: Männer wie Charles Spinasse, Wirtschaftsminister während der Volksfront, oder Paul Faure, Generalsekretär der sozialistischen *Section française de l'Internationale ouvrière* (SFIO), deren Haltung bei weitem nicht eindeutig war. Sie standen im Spannungsfeld von Kadern, die zwischen Kollaboration und dem Willen zum Widerstand hin und her gerissen wurden, Funktionsträgern, die bereit waren, das von Vichy erdachte Spiel der konsultativen Organe mitzuspielen, und schließlich den Aktivisten, von denen sich viele später der Widerstandsbewegung anschlossen (Sadoun, 1982).

Die Speerspitze der Kollaboration

Eine Tendenz hingegen war nicht in der Regierung repräsentiert, die der Ultra-Kollaboration. Enttäuscht vom vorsichtigen Auftreten Vichys und schockiert durch die Entlassung Lavals, hatte sie ihr Quartier in Paris aufgeschlagen, wo sie unter dem doppelten Schutz der Besatzer und des Generaldelegierten der Regierung, Fernand de Brinon, stand und von wo aus sie den wichtigsten Teil der in der besetzten Zone von den Deutschen zugelassenen Presse kontrollierte. Die Historiker unterscheiden ihre Haltung, die sie als kollaborationistisch bezeichnen und die in einer Gemeinsamkeit der Werte und der Feindbilder mit den Nationalsozialisten gründete, von der Staatskollaboration Vichys, die nicht aus Bewunderung für das Hitlersche Modell betrieben wurde, sondern aus einer realistischen Einschätzung der eigenen Stärke im Verhältnis zur Macht der Deutschen.

Der Kollaborationismus wurde von der öffentlichen Meinung entschieden abgelehnt, er hatte dort nur wenig Anhänger und verstärkte diese Tendenz noch durch andauernde und heftige Streitereien unter seinen Führern. Die beiden wichtigsten Führer, Jacques Doriot, 1936 Gründer des *Parti populaire français* (PPF), und Marcel Déat – der eine ein Volkstribun, der andere ein Intellektueller – konnten einander nicht ausstehen. Die übrigen Kräfte verteilten sich auf kleinere Fraktionen, wie die Francisten von Marcel Bucard, die *Ligue française* (»Französische Liga«) von Pierre Costantini oder die wenigen Gruppierungen des Kollaborationismus in der Linken (Burrin, 1995).

So schwang sich Déat – nachdem Pétain sein Projekt einer Einheitspartei kategorisch zurückgewiesen hatte – an der Spitze seines *Rassemblement national populaire* (»Nationale Volksvereinigung«) zum heftigen Kritiker der Machtfülle des Marschalls auf: Er überzog die Nationale Revolution in seinen täglichen Leitartikeln in der Zeitung *L'Œuvre* (›Das Werk‹) mit seinem beißenden Spott. Erst im März 1944, und auf hartnäckigen Druck der Deutschen, sollte er ein Ministeramt erhalten.

Auch einige Intellektuelle, die sich im Paris der Vorkriegszeit durch ihr Engagement für die extreme Rechte einen Namen gemacht hatten, schlossen sich dieser nicht sehr revolutionären Nationalen Revolution an (Verdès-Leroux, 1996). Der Schriftsteller Louis-Ferdinand Céline – der 1941 *Les Beaux Draps* veröffentlichte –, sowie Lucien Rebatet und Robert Brasillach offenbarten ihren heftigen Antisemitismus in ihren Pamphleten und Artikeln in den Zeitschriften *Je suis partout* (›Ich bin überall‹) und *Au pilori* (›Am Pranger‹), während Abel Bonnard und Alphonse de Chateaubriant sich zu Propagandisten der Kollaboration machten. Weniger anstößig in ihren Veröffentlichungen, schienen Männer wie Alfred Fabre-Luce und Henry de Montherlant bereit, sich mit der von den Deutschen aufgezwungenen neuen europäischen Ordnung anfreunden zu wollen.

Kollaboration: die Fortsetzung

Nach dem Zwischenspiel Flandin setzte Darlan die Politik der Kollaboration fort. Der erzwungene Rücktritt Lavals hatte nichts am Willen der französischen Regierung geändert, sich völlig einem Spiel hinzugeben, auf das sie viel mehr als die Deutschen angewiesen waren. Eine Wende kündigte sich im Frühling 1941 an, als die Deutschen ihr starkes Interesse an dem französischen Kriegsgerät entdeckten, das in Syrien und in Nordafrika lagerte, Waffen und Kriegsgerät, das sie benötigten, um die antibritische Rebellion im Irak zu unterstützen (Duroselle, 1982).

Verhandlungen zwischen Franzosen und Deutschen endeten im Mai 1941 mit der Unterschrift Darlans unter vier Vereinbarungen, den sogenannten »Pariser Protokollen«. Die ersten beiden, technisch orientiert, betrafen die Unterstützung Vichys für die militärischen Operationen der Deutschen in Syrien und in Nordafrika; die dritte war eine prinzipielle Übereinkunft, Dakar der deutschen Marine als Stützpunkt im Südatlantik zur Verfügung zu stellen. Sehr viel bezeichnender für das Ausmaß der Kollaboration, das die Franzosen jetzt zu akzeptieren bereit waren, war die vierte Vereinbarung, die als Gegenleistung für erhebliche politische und wirtschaftliche Konzessionen von seiten des Besatzers soweit ging, einen Kriegseintritt Frankreichs gegen England und die Vereinigten Staaten ins Auge zu fassen.

Darlan hatte sich, indem er diese Vereinbarungen unterzeichnete, sehr weit vorgewagt. Im Ministerrat verwies

General Weygand, der Bevollmächtigte der Regierung in Nordafrika, auf das Risiko, daß die gaullistischen »Dissidenten« aus der drohenden Einnistung der Deutschen im französischen Afrika Vorteile ziehen könnten. Die französische Regierung stellte daraufhin den Deutschen unerfüllbare Forderungen: Rückkehr zur Einheit des nationalen Territoriums (mit Ausnahme von Elsaß-Lothringen, das als definitiv verloren galt), spürbare Verringerung der Besatzungskosten, allmähliche Rückkehr der Gefangenen. Die Verhandlungen scheiterten. Auf jeden Fall hatte sich die Lage Ende Juni 1941 tiefgreifend geändert: Nicht nur hatten die britischen und gaullistischen Streitkräfte mit Erfolg in Syrien interveniert – wodurch zum ersten Mal auf dem Schlachtfeld mit den Gaullisten auf der einen und den Anhängern Vichys auf der anderen Seite Franzosen gegen Franzosen kämpften; geändert hatte sich vor allem die Art des Konflikts selbst mit dem Beginn des Unternehmens »Barbarossa«, das von Hitler seit mehreren Monaten vorbereitet worden war: Am 22. Juni 1941 griff die Wehrmacht die Sowjetunion an.

Von der Werbung zum Zwang (August 1941 – April 1942)

Der kämpferische Pétainismus

Durch die Kriegserklärung Deutschlands gegen die Sowjetunion wurden die Karten auf militärischer wie auf innenpolitischer Ebene neu gemischt. Für die kommunistische Partei, deren Entwicklung seit September 1939 nicht geradlinig verlief, wurde die Situation klarer: Während sie an der Verurteilung des »imperialistischen Krieges« festhielt, hatte sie nun ihre anfänglichen Illusionen in Hinblick auf eine Verständigung mit den Deutschen – Jacques Duclos hatte im Juli 1940 noch (vergeblich) versucht, die Zulassung der kommunistischen Zeitung *L'Humanité* zu erreichen – verloren und konzentrierte sich ganz auf den Kampf für die nationale Befreiung. So hatte die Kommunistische Internationale bereits im April 1941 die Bildung des *Front national* (»Nationale Front«) gefordert, der zur wichtigsten Gruppierung des kommunistischen Widerstandes aufsteigen sollte (Peschanski, 1993). Die Ereignisse des 22. Juni 1941 setzten der von vielen Kommunisten empfundenen Zerrissenheit ein Ende. Die Partei schwenkte nun ganz auf die Linie der Gegnerschaft gegen ein Regime ein, das von Anfang an den Kampf gegen den kommunistischen Apparat zum erklärten Ziel seiner Repressionspolitik gemacht hatte, und sie erklärte auch dem Besatzer den Krieg. Ein Fanal setzte Pierre Georges, ein kommunistischer Aktivist, der später im Untergrund als Oberst Fabien kämpfte. Er erschoß am 21. August 1941 in Paris an der Metrostation »Barbès« den deutschen Marineverwaltungsassistenten Alfons Moser.

Wenige Tage zuvor, am 12. August, hatte Marschall Pétain in einer Rede den »widrigen Wind« (*»le vent mauvais«*) beklagt, den er in mehreren französischen Regionen zu verspüren glaubte. Tatsächlich verringerte sich seit Anfang 1941 unablässig das Ansehen der Macht und das Vertrauen der Franzosen in die Zukunft (Laborie, 1990). Das Regime stieß auf den anglophilen Attentismus der Mehrheit der Franzosen, die auf seine Politik mit einer unbestimmten Unzufriedenheit reagierten. Und sie beließen es nicht immer beim regelmäßigen Abhören der BBC in London: So löste die Verschlechterung der Lebensbedingungen in Kombination mit der Ablehnung der kollaborationistischen

Haltung der Direktion der Kohlenzeche im Pas-de-Calais Anfang Mai 1941 auch einen Streik der Bergleute aus.

Pétain bestätigte seine grundsätzliche Politik erneut (Kollaboration mit einem Deutschland, das sich im Osten für die »Verteidigung der Zivilisation« einsetze, und Aufbau einer neuen inneren Ordnung) und brandmarkte seine Feinde – politische Parteien, Beamte, Freimaurer und Trusts – als Agenten des »alten Regimes«. Der Sieger von Verdun prophezeite, daß »ihre Pläne vereitelt und ihre Führer vernichtet würden«. Zu diesem Zweck wurden zwölf Maßnahmen ergriffen, die vom Verbot jeglicher politischen Versammlung bis zur Verdoppelung der Polizeikräfte reichten, wobei er ganz nebenbei die Rolle der *Légion* hervorhob, die in seinen Augen das »beste Instrument der Nationalen Revolution« war. Das Regime verlegte sich auf eine neue Welle der *épuration* (»Säuberung«), die nun auch die Freimaurer traf: Das *Journal officiel* begann mit der Veröffentlichung einer Liste der ehemaligen Würdenträger der Logen; seine Absicht war, sie aus dem öffentlichen Dienst zu entfernen.

»Der widrige Wind«

Auszüge der Rede von Marschall Pétain, ausgestrahlt am 12. August 1941

Franzosen, ich habe Euch schlimme Dinge zu erzählen. In mehreren Regionen Frankreichs fühle ich, wie seit einigen Wochen ein widriger Wind aufkommt. Beunruhigung schleicht sich in die Gemüter: Der Zweifel ergreift Besitz von den Seelen. Die Autorität meiner Regierung wird in Frage gestellt: Die Anordnungen werden oft schlecht ausgeführt. In einer Atmosphäre falscher Gerüchte und Intrigen verlieren die Kräfte der Erneuerung den Mut. Andere, die weder deren Erhabenheit, noch deren Uneigennützigkeit besitzen, drängen sich an ihre Stelle. Zu häufig wird mein Schutz erbeten, sogar gegen die Regierung, um angebliche Heilsbotschaften zu rechtfertigen, die in Wirklichkeit nur ein Aufruf zur Disziplinlosigkeit sind. Ein regelrechtes Unbehagen hat das französische Volk ergriffen.

Die Gründe für dieses Unbehagen sind leicht zu verstehen. Auf bittere Stunden folgen immer schwierige Zeiten. Während außerhalb der Grenzen einer Nation, die durch die Niederlage aus dem Kampf ausgeschieden ist – deren Kolonialreich es aber verwundbar macht –, der Krieg weitergeht und jeden Tag neue Kontinente verwüstet, stellt sich jedermann ängstliche Fragen über die Zukunft des Landes. Die einen fühlen sich verraten; andere glauben sich verlassen. Einige fragen sich, was jetzt ihre Pflicht ist; andere verfolgen zunächst ihre eigenen Interessen. Radio London und gewisse französische Zeitungen verstärken die Verzweiflung der Gemüter noch. [...]

Die Kollaboration, die im Oktober 1940 vom Kanzler des Deutschen Reiches angeboten wurde, unter Bedingungen, deren Ritterlichkeit ich zu schätzen weiß, ist ein Werk für die Zukunft, das noch nicht alle seine Früchte tragen konnte. Wir sollten lernen, das schwere Erbe des Mißtrauens zu überwinden, das uns von Jahrhunderten der Zwistigkeiten und der Streitereien hinterlassen wurde, um uns auf die weiten Perspektiven einzulassen, die ein wiederversöhnter Kontinent unseren Aktivitäten eröffnen kann. Das ist das Ziel, das wir anstreben. Es ist ein enormes Werk, das von uns ebensoviel Willen wie Geduld erfordert. [...]

Die Verwirrung der Gemüter hat ihren alleinigen Grund nicht im Auf und Ab unserer Außenpolitik. Sie resultiert vor allem aus der Langsamkeit, mit der wir eine neue Ordnung aufbauen – oder besser gesagt: durchzusetzen suchen. Die Nationale Revolution [...] ist noch nicht erreicht [...], weil sich zwischen uns, dem Volk und mir, die wir uns so gut verstehen, die doppelte Trennwand der Anhänger des alten Regimes und der Trusts aufgerichtet hat. Die Agenten des alten Regimes sind zahlreich. Zu ihnen rechne ich ohne Ausnahme auch diejenigen, die ihre persönlichen Interessen über die langfristigen Interessen des Staates gestellt haben – Freimaurer, politische Parteien ohne Anhängerschaft, aber auf Rache sinnend, Beamte, die noch immer einer Ordnung anhängen, in der sie gleichzeitig die Nutznießer und die Herren waren –, aber auch diejenigen, die die Interessen des Vaterlandes denen des Auslandes untergeordnet haben. Viel Zeit wird nötig sein, bis der Widerstand aller Gegner der neuen Ordnung gebrochen ist, aber von nun an müssen wir ihre Machenschaften vereiteln, indem wir ihre Führer vernichten. Wenn Frankreich nicht versteht, daß es durch die Macht der Umstände dazu verdammt ist, das Regime zu wechseln, wird sich vor ihm der gleiche Abgrund auftun, in den Spanien 1936 gerissen zu werden drohte und vor dem es nur dank des Glaubens, der Jugend und des Opfers gerettet worden ist. [...]

Philippe Pétain: Discours aux Français 17 juin 1940 – 20 août 1944. Paris 1989. S. 164–172.

Darlan organisiert seine Macht

Darlan – dem Pétain in seiner Rede vom 12. August 1941 erneut sein Vertrauen ausgesprochen hatte – schuf sich die Mittel, um die innere Erneuerung einzuleiten. Er bildete seine Regierung um, übernahm selbst den Posten des Ministers für Nationale Verteidigung und übertrug einen großen Teil der Macht Männern aus dem Lager der extremen Rechten. Einer der fähigsten unter den Technokraten, die im

Februar in die Ministermannschaft aufgenommen worden waren, war Pierre Pucheu, Absolvent der berühmten Hochschule *École normale supérieure* und ehemaliges Mitglied des PPF, der einige Wochen zuvor vom Minister für industrielle Produktion zum Innenminister aufgestiegen war. Die Ernennung von Jacques Benoist-Méchin – der als Unterhändler bei den Pariser Protokollen fungiert hatte – zum Staatssekretär des Vizepräsidenten des Ministerrates war ein Zeichen dafür, daß die Kollaboration weiterhin Priorität hatte.

Daneben ergriff Darlan Maßnahmen, um die Verwaltung zu kontrollieren. Unter dem offiziellen Titel *Commissaires du pouvoir* (»Regierungskommissare«) wurde ein neuer Stab hoher Beamter gebildet, der mit der Überwachung der Verwaltung betraut wurde: Er sollte gewährleisten, daß diese die Gesetze im Geiste der Nationalen Revolution anwandte. Die Regionalpräfekten, eine Instanz, die ebenfalls erst einige Monate zuvor neu geschaffen worden war, erhielten »Säuberungsbefugnisse«, die es ihnen ermöglichten, politisch unzuverlässige Beamte von ihren Ämtern zu suspendieren. Das Generalsekretariat des Vizepräsidenten des Ministerrates, dessen Rolle als Koordinator innerhalb der Verwaltung ausgebaut worden war, wurde Jean Jardel, einem einflußreichen hohen Beamten, unterstellt, der seit 1936 als Direktor der Haushaltsabteilung fungiert hatte.

Paul Marion, ein ehemaliger Kommunist, der sich dem PPF angeschlossen hatte, blieb an der Spitze der Propagandaabteilung, die er seit Februar 1941 leitete. Seine Arbeit stützte sich auf die zentralisierten staatlichen Stellen, die über die politisch korrekte Haltung der Presse, des Radios und der Kinos wachten (Gervereau/Peschanski, 1990). Die Propaganda im eigentlichen Sinne wurde einem Stab von Abgeordneten der Departements übertragen, die oft mit den Präfekten in Streit gerieten.

Staatschef Philippe Pétain und Admiral Darlan, sein Stellvertreter
und Außenminister, September 1941

Aus dieser erneuerten Mannschaft, mit der sich Darlan in der zweiten Jahreshälfte 1941 umgab, entwickelte sich eine einheitliche politische Richtung. Sie ruhte auf zwei Säulen: einer energisch in Angriff genommenen, von der konservativen und klerikalen Gängelei befreiten Nationalen Revolution und der vollen Entfaltung der Kollaboration. Diese Übereinstimmung der Interessen wiederum genügte, um die Konservativen im Umfeld von Pétain an den Mythos der »Synarchie« glauben zu lassen, jenen Mythos einer Geheimgesellschaft, die angeblich in Frankreich wie im Rest der Welt versuchte, alle Schalthebel in die Hand zu bekommen. Als Beweise für diese Konspiration verwies man, ohne einen Unterschied zu machen, auf die massive Präsenz von Finanzinspektoren und Ingenieuren in der Umgebung Darlans, auf den Einfluß der Bank Worms und den Unwillen der Verwaltung, sich die Losungen der Nationalen Revolution zu eigen zu machen; sogar die Versorgungsschwierigkeiten wurden als Argument ins Feld geführt.

An der Kollaborationsfront

Es gab zwar kein Komplott, aber es gab sehr wohl eine Gruppe von hohen Beamten, die zu Ministern aufgestiegen waren, die von einem deutschen Europa träumten und sich zu Verfechtern und Vorkämpfern der Kollaboration machten. Dennoch war es nicht die Regierung, es waren die Pariser Kollaborationisten, die im Juli 1941 die *Légion des volontaires français contre le bolchevisme* (LVF; »Französische Legion der Freiwilligen gegen den Bolschewismus«) gründeten. Dessenungeachtet wurde ihr die Unterstützung des *État français* zuteil; Pétain ging sogar so weit, im November 1941 dem kommandierenden Oberst der an der Seite der Wehrmacht an der russischen Front kämpfenden Franzosen zu schreiben, daß diese »einen Teil der militärischen Ehre Frankreichs verkörperten«.

Die Regierung verfolgte also weiterhin ihr Ziel der Kollaboration, allerdings mit internen Differenzen in der Einschätzung zwischen denen, die mit einem vorsichtigen Pétain einen Kriegseintritt gegen England ablehnten, und denen, die aus Abneigung gegen die Engländer oder aus Zuneigung zu den Deutschen bereit waren, eine solche Möglichkeit in Erwägung zu ziehen.

Nachdem die Deutschen am 20. November 1941 die Versetzung Weygands, dessen Haltung mit ihren Plänen in Nordafrika unvereinbar war, in den Ruhestand erreicht hatten, stimmten sie einem Gipfeltreffen zwischen Pétain und Hermann Göring, dem Beauftragten für den Vierjahresplan, zu, das am 1. Dezember in Saint-Florentin (Yonne) stattfand. Doch das Gespräch blieb ohne konkrete Ergebnisse, und die Kollaboration begann allmählich zu versanden, auch wenn es immer wieder Versuche der Wiederbelebung gab: Im Januar 1942 sondierte die französische Regierung bei den Deutschen die Möglichkeit, an deren Seite in den Krieg gegen die Alliierten einzutreten, ein Vorschlag, der durch die militärischen Schwierigkeiten motiviert war, auf die die Wehrmacht zu dieser Zeit an mehreren Fronten stieß, der aber ohne Folgen blieb.

Die Tragikomödie des Prozesses von Riom[5], der am 19. Februar 1942 begonnen hatte, hat Hitler aufs höchste er-

5 Nach der Übernahme der Macht eröffnete die Regierung in Vichy am 19. Februar 1942 vor einem eigens nach Riom einberufenen Sondergericht den Prozeß gegen Léon Blum, Édouard Daladier, Georges Mandel, Paul Reynaud und andere. Als »Kriegsverantwortliche« angeklagt, führten vor allem Blum und Daladier in ihrer Verteidigung geschickt den Nachweis, daß nicht ihre Politik, sondern die in den zwanziger und zu Beginn der dreißiger Jahre vor allem von Marschall Pétain verfochtene Strategie der Errichtung einer starren Befestigungsanlage (Maginot-Linie) in die vernichtende Niederlage geführt hatte. Der Gerichtshof vertagte sich ohne Festset-

bittert. Statt, wie von den Deutschen erwartet, den Angeklagten (Léon Blum, Édouard Daladier, General Gamelin, Guy La Chambre, dem ehemaligen Luftfahrtminister, und dem *Contrôleur général* Robert Jacomet, dem ehemaligen Generalsekretär des nationalen Verteidigungsministeriums) vorzuwerfen, zum Krieg gedrängt zu haben, beschuldigte man sie vielmehr, die Aufrüstung behindert zu haben. Daladier und vor allem Blum hatten wenig Schwierigkeiten, den politischen Hintergrund des Prozesses offenzulegen, indem sie darauf hinwiesen, daß mit der Kritik an der Anwendung der Sozialgesetzgebung von 1936 im Grunde die Volksfront selbst angegriffen wurde und damit gleichzeitig die Institution der allgemeinen Wahlen, dank derer sie an die Macht gekommen war. Sie stellten ihrerseits sogar das Regime in Frage, als sie mit dem Hinweis auf die ungenügende Vorbereitung der französischen Armee auf die Verantwortung der hohen militärischen Verantwortungsträger der Vorkriegszeit hinwiesen, darunter nicht zuletzt Marschall Pétain, der 1934 Kriegsminister gewesen war. Auf Befehl Hitlers wurde der Prozeß am 14. April 1942 vertagt, um »weitere Informationen einzuziehen«. Er wurde niemals wieder aufgenommen.

zung eines neuen Datums, nachdem sich immer deutlicher abzeichnete, daß sich der beabsichtigte Schauprozeß in sein Gegenteil verkehrt hatte. Am 5. April 1943 wurden Blum, Daladier, Mandel und Reynaud zusammen mit anderen ehemaligen politischen und militärischen Führungspersönlichkeiten der III. Republik an die Deutschen ausgeliefert. 1944 wurde Mandel wieder den Franzosen übergeben. Bei der Verlegung in ein anderes Gefängnis wurde er am 7. Juli von der Miliz »auf der Flucht« erschossen.

Die Rückkehr Lavals
(April 1942 – November 1942)

Das Scheitern der Versuche, die Kollaboration zu intensivieren, hatte nicht nur Darlan in den Augen der Deutschen geschadet, sondern auch Pétain beunruhigt. Dieser entschloß sich, Laval zurückzurufen, der am 18. April 1942 offiziell zum Chef der Regierung ernannt wurde, eine Funktion, die in diesem Regime neu war. Laval schien sich seit Dezember 1940 zwar den Pariser kollaborationistischen Tendenzen anzunähern, doch war in seiner neuen Regierungsmannschaft mit der Aufnahme des Schriftstellers Abel Bonnard ins Erziehungsministerium nur einer ihrer Repräsentanten vertreten, und er gehörte nicht einmal zu den herausragendsten Vertretern dieser politischen Richtung. Allerdings waren auch Männer wie Fernand de Brinon, der der Generaldelegierte der Regierung in der besetzten Zone blieb, nun aber zum Staatssekretär befördert wurde, und Jacques Benoist-Méchin oder General Bridoux, der Kriegsminister, überzeugte Anhänger der Kollaboration. Die Pétainisten der ersten Stunde, treue Anhänger der Nationalen Revolution, wie Jérôme Carcopino und Yves Bouthillier, verließen die Regierung. Nur der Justizminister, Joseph Barthélemy, behielt vorübergehend noch sein Amt.

Während Laval die anderen Ministerien in die Hände von Technokraten legte, behielt er sich selbst drei Funktionen vor: die Ministerien für Inneres, Propaganda und Äußeres. Um sich hatte er einige Getreue geschart, darunter Pierre Cathala im Finanzministerium, vor allem aber hatte er einige brillante Beamte als Generalsekretäre berufen: Jacques Guérard, ein Finanzinspektor, der für seine Sympathien für die Kollaboration bekannt war, erhielt den Schlüsselposten des Generalsekretärs des Regierungschefs, während der Regionalpräfekt von Châlons-sur-Marne, René Bousquet, mit dreiunddreißig Jahren Generalsekretär der Polizei wurde.

Das Ende der Nationalen Revolution

Die Rückkehr Lavals war eher ein Zeichen für das Ende der Nationalen Revolution, die der neue Regierungschef kaum verhüllt verhöhnte, als, wie zuweilen behauptet wurde, für die Rückkehr zur Republik. Zwar verloren die hohen Beamten, insbesondere die Präfekten, die das frühe Vichy anfangs aus den Reihen der reaktionären und klerikalen Generäle rekrutiert hatte, ihre Ämter, aber die Versuche Lavals, wieder eine Art Demokratie auf lokaler Ebene einzuführen, schlugen nicht zuletzt deshalb fehl, weil jeglicher Rückgriff auf Wahlen selbstverständlich ausgeschlossen war. Der Ton des Regierungschefs, der nicht so archaisch war wie der der Wortführer der Nationalen Revolution, hätte auf die öffentliche Meinung, die sich weitgehend vom Regime gelöst hatte, eine positive Wirkung haben können, doch wurde dies völlig zunichte gemacht durch den Inhalt von Lavals Radioansprache, die am 22. Juni 1942 gesendet wurde. Der überwiegende Teil der französischen Bevölkerung – die eifrigsten Anhänger der Kollaboration ausgenommen, aber diese waren eindeutig in der Minderheit – war schockiert, als Laval erklärte, er »wünsche den Sieg Deutschlands, denn ohne das Reich werde sich der Bolschewismus überall ausbreiten«.

Die Relève

Die Wirkung dieser Worte ließ den Rest der gesamten Rede in Vergessenheit geraten, die sich ausführlich mit der sogenannten *Relève* (»Ablösung«) befaßte, einem Mittel, mit dem Laval eine Antwort auf die Forderungen Fritz Sauckels gefunden zu haben glaubte. Dieser war im März 1942 von Hitler beauftragt worden, in den besetzten Ländern die notwendigen Arbeitskräfte zu finden, um in den deutschen Fabriken die zum Fronteinsatz eingezogenen Männer zu ersetzen. Sauckel forderte 350 000 Mann, eine Zahl, die Laval auf 150 000 drücken konnte, für die im Gegenzug im Verhältnis 1:3 als »Ablösung« 50 000 französische Kriegsgefangene aus den Lagern freikommen sollten. Am 31. Juli mußte der Ministerrat feststellen, daß nur 40 000 Arbeiter bereit waren, nach Deutschland zu gehen: Die *Relève* war gescheitert, und es mußten härtere Maßnahmen ergriffen werden. Ein Gesetz vom 4. September 1942 setzte Arbeitskräfte frei, da es der Regierung die Möglichkeit gab, Männer zwischen achtzehn und fünfzig Jahren sowie ledige Frauen zwischen zwanzig und fünfunddreißig Jahren zu »allen Arbeiten [abzustellen], die dem übergeordneten Interesse der Nation förderlich waren«. Das war das Vorspiel für die Einrichtung des Zwangsarbeitsdienstes (*Service du Travail Obligatoire*, STO), die fünf Monate später erfolgte.

Die Razzien

Die ersten Monate der Regierung Laval waren auch gekennzeichnet durch das, was eines der dunkelsten Kapitel in der Geschichte des *État français* bleibt: die Razzien, die im Laufe des Sommers 1942 alle Juden trafen, die sich in

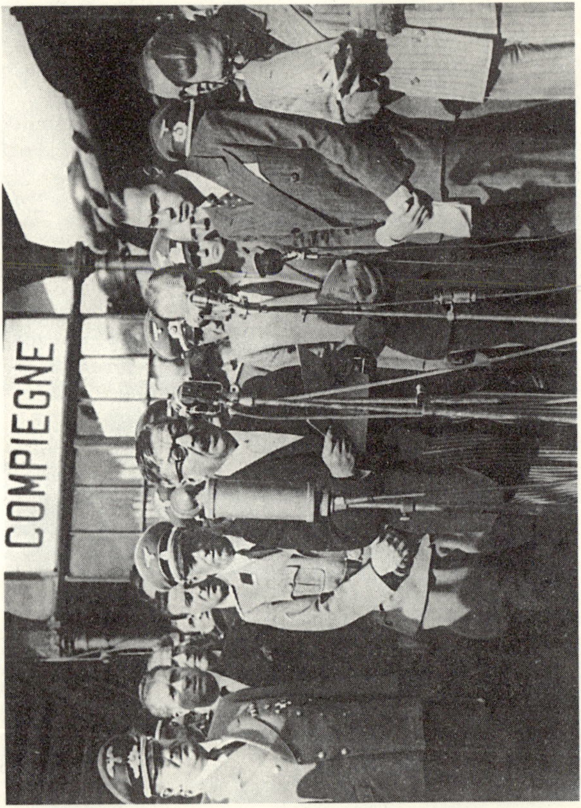

Regierungschef Pierre Laval empfängt am Bahnhof von Compiègne die ersten, im Rahmen der *Relève* aus deutscher Gefangenschaft entlassenen französischen Kriegsgefangenen, 11. August 1942

Frankreich aufhielten. Eine wichtige Rolle spielte dabei der ehrgeizige Generalsekretär der Polizei, René Bousquet.

Wie Pétain, Darlan, Laval und noch viele andere einflußreiche Beamte war Bousquet ein Kollaborateur aus Staatsräson und als solcher davon überzeugt, daß die Aufrechterhaltung der französischen Souveränität nur über ein stärkeres Engagement in der Kollaboration zu erreichen sei. Seit der Wannseekonferenz am 20. Januar 1942 aber war die »Endlösung der Judenfrage« zu einer der wichtigsten Prioritäten des Reiches geworden (Burrin, 1989; Hilberg, 1988). Es ging in erster Linie um die Durchsetzung dieses Zieles, als der Besatzer die Unterstützung des französischen Polizeiapparates verlangte, und Bousquet stimmte zu.

Er kam zu dem Schluß, daß es sich darum handelte, die Ernsthaftigkeit der Bemühungen der französischen Regierung um Kollaboration zu beweisen: Wenn man den deutschen Partner davon überzeugen konnte, daß die französische Seite bereit war, das Spiel der polizeilichen Kollaboration rückhaltlos mitzuspielen, würde es leichter sein, ihn von der Notwendigkeit zu überzeugen, Vichy in beiden Zonen die Kontrolle über eine Polizei anzuvertrauen, die mit ausreichender Bewaffnung versehen war, um effektiv arbeiten zu können.

Mit dieser Einstellung ging der Generalsekretär für die Polizei in die Verhandlungen, die er ab Mitte Juni 1942 mit dem SS-General Carl Albrecht Oberg führte. Dieser war Anfang Mai 1942 von Heydrich als »Höherer SS- und Polizeiführer« nach Frankreich geschickt worden, um die Ordnungskräfte zu zentralisieren und sie nach der bis dahin gültigen Zuständigkeit des Militärbefehlshabers nun in die Hände des Reichssicherheitshauptamtes (RSHA) zu nehmen. Am 2. Juli willigte Bousquet ein, die französische Polizei zur Verfügung zu stellen, um »auf dem gesamten französischen Territorium so viele Juden ausländischer Herkunft [zu verhaften], wie [die Deutschen] verlangten« (Klarsfeld, 1983/85 und 1993). So haben französische Polizisten und Gendarmen am 16. und 17. Juli 1942 mehr als dreizehntausend jüdische Männer, Frauen und Kinder verhaftet. Alleinstehende und Paare ohne Kinder wurden in das Lager Drancy im Norden von Paris verfrachtet, die anderen wurden zunächst in die überdachte Radrennbahn (*Vélodrome d'hiver* oder kurz *Vel d'hiv*) in der Nähe vom Quai de Grenelle und von dort in die Lager von Pithiviers und von Beaune-la-Rolande im Loiret gebracht (Poznanski, 1994). Fast alle – auch die Kinder, die von ihren Eltern getrennt worden waren (Conan, 1991) – waren für den Abtransport nach Auschwitz und in die anderen Vernichtungslager bestimmt.

Vergleichbare Ereignisse gab es in allen großen Städten – nicht nur in der besetzten (Boulanger, 1994), sondern auch in der unbesetzten Zone, aus der zehntausend Juden kommen sollten, die Bousquet den Deutschen zugesagt hatte. Die französischen Behörden begannen damit, die Lager in Südfrankreich (Noe, Gurs, Récébédou, Les Milles) zu leeren, in denen, laut Gesetz vom 4. Oktober 1940, die »Ausländer jüdischer Rasse« interniert worden waren (Grynberg, 1991). Ohne antisemitischen Haß, aber auch ohne besondere Gewissensbisse überwachten die Präfekten und Unterpräfekten die Razzien, die Ende August stattfanden, Razzien, die – denn es gab keine deutschen Truppen in der unbesetzten Zone – selbstverständlich von der französischen Polizei und Gendarmerie durchgeführt wurden.

Die monatlichen Lageberichte der Präfekten sprechen von einer sehr empörten französischen Öffentlichkeit angesichts des Schauspiels der Razzien. Deren Brutalität ließ erahnen, daß die Deportation der jüdischen Männer, Frauen und Kinder – Laval hatte versichert, »sich nicht für das Schicksal der jüdischen Kinder zu interessieren« – ein anderes Ziel hatte als die Bildung eines jüdischen Staates in Polen, wie es die offiziellen Verlautbarungen verbreiteten. Die Regierung mußte auch den öffentlichen Protesten der Kirchen entgegentreten, wie zum Beispiel denen des Bischofs Théas von Montauban und des Erzbischofs Saliège von Toulouse, die von allen Kanzeln der Gemeinden ihrer Diözesen verlesen wurden. Der Erzbischof von Lyon, Kardinal Gerlier, unterstützte die Hilfsorganisationen für verfolgte Juden, während Pfarrer Boegner, der Vorsitzende der protestantischen Kirche, bei Laval und Bousquet direkt intervenierte. Dies war eine entscheidende Veränderung für das Regime, das zu Anfang weitgehend auf die Unterstützung der katholischen Hierarchie zählen konnte. Bousquet spielte diese Reaktionen herunter, da er glaubte, daß »es die Rolle der öffentlichen Meinung sei, sich aufzuregen, die Aufgabe der Regierung hingegen, Entscheidungen zu fällen«; er versicherte, daß »die augenblickliche Unpopularität der Regierung in der Zukunft einer ihrer schönsten Ruhmestitel sein werde« (Boegner, 1992).

Reaktion auf die Razzien des Sommers 1942

Auszüge aus dem Hirtenbrief von S.E. Saliège, Erzbischof von Toulouse, verlesen am 23. August 1942

Es gibt eine christliche Moral und eine menschliche Moral, die Pflichten auferlegt und Rechte anerkennt. Diese Pflichten und diese Rechte entsprechen der Natur des Menschen; sie kommen von Gott. Man kann sie verletzen … Aber kein Sterblicher hat die Macht, sie abzuschaffen. Daß Kinder, Frauen und Männer, Väter und Mütter wie Schlachtvieh behandelt werden, daß die Mitglieder einer Familie voneinander getrennt werden und zu einem unbekannten Ziel verschleppt werden, dieses traurige Spektakel mit ansehen zu müssen, blieb unserer Zeit vorbehalten. [...] Die Juden sind Männer, die Juden sind Frauen. Ausländer sind Männer, Ausländer sind Frauen. Nicht alles ist gegen sie erlaubt, gegen diese Männer, gegen diese Frauen, gegen diese Familienväter und Mütter. Sie gehören zum menschlichen Geschlecht; sie sind unsere Brüder wie so viele andere. Ein Christ kann das nicht vergessen.

Renée Poznanski: Les Juifs en France pendant la Seconde Guerre mondiale. Paris 1997. S. 358.

Anweisung des offiziellen Pressedienstes von Vichy, 4. September 1942

Man möge die Studie »Über die jüdische Frage« aufmerksam lesen, die in *Le Grand Écho du Midi* [›Das Große Echo des Südens‹] erschienen ist und die die allgemeine und traditionelle Doktrin der katholischen Kirche in Hinblick auf das Judenproblem in Erinnerung ruft. Tatsächlich ist in verschiedenen Regionen Frankreichs eine heftige Aufregung entstanden, nach Vorfällen, in die Juden verschiedener Nationalität, die seit einigen Jahren als Flüchtlinge in Frankreich leben, verwikkelt waren. Einer heimtückischen Propaganda, deren einziges Ziel es ist, das Werk des Marschalls und seiner Regierung in den Schmutz zu ziehen, ist es gelungen, die katholische Welt zu erobern. Man muß diesen scheinheiligen Klagen die verläßliche Doktrin des heiligen Thomas und der Päpste entgegenstellen. Man sollte ebenfalls darauf hinweisen, daß dieselben, die sich heute zu Verteidigern der ausgewiesenen Juden aufschwingen, dieselben sind, die kein Wort des Mitleids für die Tausende von Katholiken fanden, die von den Rotspaniern gefoltert und hingerichtet wurden. Man sollte schließlich betonen, daß diese ganze Agitation hinter den

Kulissen von den Gegnern der Nationalen Revolution angefacht wird. Es handelt sich hier um ein politisches Manöver, das man durchkreuzen muß und von dem sich die Katholiken nicht vereinnahmen lassen dürfen. Wenn uns der Wunsch nach brüderlichen Gefühlsausbrüchen überkommt, dann sollten wir vielmehr an die 1 200 000 Kriegsgefangenen denken, denn sie zumindest sind echte Söhne Frankreichs.

Pierre Limagne: Éphémérides de quatre années tragiques. Villeneuve-de-Berg 1987. Bd. 2. S. 756.

V
Vichy regiert

Wenn die französische Regierung den Waffenstillstand akzeptiert hatte, so geschah dies vor allem, um sich jene Souveränität zu bewahren, die es ihr ermöglichte, die notwendigen Reformen für die »Erneuerung der Nation« durchzuführen. Gleich in den ersten Tagen stürzte sich das Regime in eine intensive Gesetzgebungstätigkeit, die durch den Umstand erleichtert wurde, daß eine Vorlage nur von Pétain unterzeichnet zu werden brauchte, um – nach der Beratung im Ministerrat – zum Gesetz zu werden. Diese eindeutige Vereinfachung der Prozedur, ein spürbarer Bruch mit dem meist langen und schwierigen Verfahren eines vom Parlament verabschiedeten Gesetzes, wurde von den Ministerien weidlich ausgenutzt. Es entstand ein regelrechter gesetzgeberischer Überschwang, der alle Politiker ergriff, wobei es zunächst um eine Sache ging, von der alle anderen abzuhängen schienen: die Reform des Staates. In dem Maße, in dem sich der Widerstand gegen die Politik des Regimes formierte, konzentrierte sich die Aktivität aber zunehmend auf Unterdrückungsmaßnahmen (*répression*) – die es allerdings auch schon in der ersten Zeit gab.

Der Wille zum Wiederaufbau

Die für den Erfolg der Nationalen Revolution unabdingbaren Reformen wurden in den ersten beiden Jahren in Angriff genommen. So zum Beispiel in jenen Bereichen, die wir im folgenden näher betrachten werden, und in denen die Männer von Vichy von den früheren Modellen abweichen – oder einen dritten Weg finden – wollten: in der Jugend- und der Wirtschaftspolitik.

Da es hier im wesentlichen um innenpolitische Fragen ging, mischten sich die Deutschen seltener direkt ein als etwa in Fragen, die die Aufrechterhaltung der Ordnung oder die großen außenpolitischen Linien betrafen. Dessenungeachtet blieb die Überwachung ein Faktum: Sie sollte zum einen jede Entwicklung in Richtung auf ein Wiedererstarken der französischen Machtposition, insbesondere auf militärischem Gebiet, verhindern und andererseits die deutschen Wirtschaftsinteressen schützen.

In der Definition und der Durchführung dieser Erneuerungspolitik wurde das Regime durch die Uneinigkeit seiner heterogenen Basis spürbar gebremst. Nach einem berühmt gewordenen Ausspruch des Staatsministers Henri Moysset, trafen hier die *jeunes cyclistes* (»junge Radfahrer«), Anhänger einer notfalls im Gewaltmarsch zu erreichenden Modernisierung, auf die *vieux romains* (»alte Römer«), die Bewahrer eines Traditionalismus, der im katholischen und dem Vorbild des Ancien régime verschriebenen Frankreich gründete. Zu diesem Gegensatz gesellte sich ein fast deckungsgleicher Gegensatz zwischen denjenigen, die die Staatskollaboration nur aufgrund einer »realistischen« Analyse der politischen und strategischen Lage befürworteten, und denjenigen, die darin eine gute Gelegenheit sahen, Frankreich in ein »neues Europa« einzugliedern, das nach dem deutschen Modell umgestaltet werden sollte. Anhand der beiden Beispiele Jugendpolitik und Wirtschaftspolitik sollen diese Konzeptionen erläutert werden; dabei wird auch die Rolle Vichys bei der Gründung von Institutionen deutlich, die das Regime überlebt haben.

Jugendpolitik

Der Gegensatz zwischen Modernem und Althergebrachtem verursachte im Bereich der Erziehung und Jugend politische Konflikte, die Anfang des Jahres 1942 kulminierten. Für das Regime handelte es sich hier um einen wichtigen Sektor, denn nach seinem Verständnis war der Krieg buchstäblich auf den Bänken der Volksschule verloren worden, die den Individualismus und den Kult der Vernunft lehrte (Halls, 1988).

Marschall Pétain betonte immer wieder, daß er statt Soldat gern Lehrer geworden wäre, und er rief oft in Erinnerung, daß er 1934 in der Regierung Doumergue den Posten des nationalen Erziehungsministers erbeten hatte, um »sich mit den kommunistischen Lehrern befassen zu können«. Als Staatschef betrachtete er sich gewissermaßen als ersten Schulmeister der Nation und interessierte sich vor allem für die Erziehungspolitik. Sein Hauptaugenmerk galt der umfassenden Säuberung des Lehrkörpers.

Aber die Erziehungspolitik bestand nicht nur aus Entlassungen. Bis zum Februar 1941 lösten sich drei Minister im Amt für Unterrichtswesen ab. Der erste, Georges Ripert, zwischen September und Dezember 1940 im Amt, schuf die Grundlagen einer ausgesprochen reaktionären Erziehungspolitik, indem er ab September 1940 die Lehrerseminare abschaffte. Sie wurden als »verderbliche Brutstätten der Demokratie« angeprangert.

Sein Nachfolger, Jacques Chevalier, ergriff Maßnahmen, die mit der laizistischen Tradition der Schule, dem Grundprinzip der Bildungspolitik der III. Republik, brachen: Die von der Kirche getragenen Schulen, hauptsächlich katholische, erhielten erhebliche finanzielle Hilfen, indem sie nun von den Kommunen unterstützt werden durften. Der Minister ging so weit, den Katechismusunterricht als Wahlfach zuzulassen und die Anbringung des Kruzifixes in den Klassenräumen zu erlauben. Aber die Reaktion auf diese Vorstöße des Klerikalismus waren so heftig, daß Chevalier wenig später zurücktreten mußte. Sein Nachfolger, der Althistoriker und Erforscher des antiken Rom, Jérôme Carcopino, sah sich dazu veranlaßt, die meisten dieser Maßnahmen wieder zurückzunehmen. In den eigenen Reihen beliebt und als Verteidiger der Lehrerschaft gegen die Übergriffe der Politik anerkannt, gelang es Carcopino, die antisemitischen und antifreimaurerischen Vorstellungen des Regimes durchzusetzen und die entsprechende konsequente Säuberung des Erziehungssektors durchzuführen. Mit der Verkündung einer großen Reform des höheren Schulwesens am 15. August 1941 drückte er der Erziehungspolitik seinen Stempel auf. Darin fanden sich zwar einige Prinzipien der »Einheitsschule« wieder, die am Ende der III. Republik von Jean Zay initiiert worden war, doch führte er per Gesetz den obligatorischen Lateinunterricht wieder ein und schaffte den kostenlosen Unterricht in den Oberschulen zugunsten eines Stipendiensystems ab.

Unterschiedliche Konzepte

Getrieben von der Idee, daß die Erneuerung Frankreichs nur durch eine Dynamisierung der Jugend zu erreichen war, legte das Regime großen Wert darauf, eine wirkliche Jugendpolitik zu betreiben. Bereits im Juli 1940 wurden unabhängig vom Ministerium für nationale Erziehung drei Institutionen eingerichtet, um den neuen Ansprüchen gerecht zu werden, die sich das Regime im Bemühen um eine Politik für die Jugend selbst gestellt hatte. Ein Generalkommissariat für Erziehung und Sport, das dem Tennischampion Jean Borotra anvertraut worden war, sollte zu sportlichen Aktivitäten anregen und eine Erziehungspolitik definieren, die über das reine Bücherwissen hinausging.

Die Jugendarbeitslager (*Chantiers de la jeunesse*), die zunächst in einem Experiment von einem ehemaligen Regionalkommissar der Pfadfinder, General de La Porte du Theil, gegründet worden waren, boten den jungen Männern des Absolventenjahrganges 1940, die nach der Abschaffung der Armee keine Aufgabe mehr hatten, eine andere Beschäftigungsmöglichkeit an. Da der Versuch zufriedenstellend verlief, wurde das Experiment (acht Monate Beschäftigung durch gemeinnützige Arbeiten und gemeinsames Lernen, das Ganze geprägt durch eine im Lichte des Pétainismus gefärbte Pfadfindermoral) auf die gesamte südliche Zone sowie auf Algerien ausgeweitet. In der besetzten Zone wurde es hingegen verboten, da die Deutschen darin einen Versuch sahen, den militärischen Geist neu aufzubauen.

Die ehrgeizigste Neuerung des Regimes aber war die Gründung eines Generalsekretariats für die Jugend, das die Aktionen der Jugendbewegungen im patriarchalisch-autoritären Geiste der Nationalen Revolution koordinieren sollte. Es wurde dem Ingenieur Georges Lamirand übertragen, der so sehr von den Theorien Lyauteys beeinflußt war, daß er ein Buch mit dem Titel *Rôle social de l'ingénieur* (›Die soziale Rolle des Ingenieurs‹) verfaßte, das direkt von der *Rôle social de l'officier*, dem bekanntesten Buch Lyauteys, beeinflußt war.

Geeinte Jugend oder Einheitsjugend

Das Generalsekretariat stützte sich auf eine eigene regionale Hierarchie, die, zumindest im Bereich der Berufsausbildung, zusätzlich zu der schon bestehenden Bürokratie des nationalen Erziehungsministeriums aufgebaut wurde. Es galt das Prinzip: »Eine einige Jugend, aber keine Einheitsjugend«, wie der Marschall gesagt hatte. Tatsächlich gab es eine niemals endende Auseinandersetzung zwischen den Verfechtern einer straffen politischen Ausrichtung der Jugend – die je nach Grad der Kollaborationsbereitschaft ihrer Anhänger mehr oder weniger direkt durch die Entwicklung in Deutschland beeinflußt war – und den Befürwortern einer gelenkten Koordinierung, die verschiedene Jugendorganisationen unter der Bedingung zuließ, daß sie sich einigermaßen an die offiziell definierte Linie hielten.

Der Konflikt zwischen diesen Tendenzen erlebte im März 1942 seinen Höhepunkt, als die Anhänger und Gegner der Einheitsjugend in einer der Kommissionen des Nationalrates hart aufeinanderprallten. Zu den Befürwortern zählten der Innenminister Pucheu, der zukünftige Minister für nationale Erziehung, Bonnard, und der stellvertretende Generalsekretär für die Jugend, Georges Pélorson, der den kollaborationistischen Kreisen nahestand. Die Gegenoffensive, die von Pétain unterstützt wurde, wurde von den konservativen Kreisen im Umfeld des Staatschefs angeführt. Sie konnten auch auf die wichtige Unterstützung der Kirchen zählen, angefangen mit den Katholiken, die wie in Italien oder in Portugal eisern entschlossen waren, ihre eigenen Jugendbewegungen zu schützen (Cointet-Labrousse, 1987; Halls, 1988). Nach heftigen Auseinandersetzungen mußten die Verfechter einer einheitlichen Jugendorganisation den Rückzug antreten.

Die Verschiedenartigkeit der in Vichy vertretenen Richtungen spiegelte sich in der Vielfalt der Jugendbewegungen wider. Die Palette reichte von den *Compagnons de France* (»Kameraden Frankreichs«), die die Unterstützung des Büros des Staatschefs genossen, über die *Jeunes du Maréchal* (»Jugend des Marschalls«), eine Pariser Bewegung, die von den kollaborationistischen, ab April 1942 im Stab von Abel Bonnard agierenden Lehrern geleitet wurde, bis zur *Jeunesse de France et d'outre-mer* (»Jugend Frankreichs und der Überseebesitzungen«) und zu den *Jeunes de l'Europe nouvelle* (»Jugend des Neuen Europa«), einem Zweig der sich national und völkisch gebenden Sammlungspartei *Rassemblement national populaire* (RNP) von Marcel Déat.

Die Bedeutung, die die Ideologie der Nationalen Revolution der Autorität und der Rolle des Führers zubilligte, verlangte, daß besondere Anstrengungen unternommen wurden, um die künftigen Führungseliten des Landes auszubilden. Frankreich wurde rasch mit einem Netz von Kaderschulen überzogen, das von drei landesweit tätigen Schulen geknüpft wurde. Zwei davon befanden sich in der freien Zone: Écully für die Mädchen und Uriage, das von Hauptmann Dunoyer de Segonzac gegründet worden war, für die Jungen; während in der besetzten Zone, unter der Leitung von überzeugten Nazis, die Schule von La Chapelle-en-Serval eingerichtet wurde. Über Uriage ist viel geschrieben worden. Es handelte sich hier um eine Schule, die zu Beginn der politischen Philosophie verbunden war, die Vichy dem sozialen Christentum und dem Schriftsteller Charles Péguy entlehnt hatte. Dann aber fühlte sie sich zunehmend durch die Kollaboration abgestoßen und verlor dadurch in den Augen des Regimes so sehr an Bedeutung, daß sie schließlich zu Beginn des Jahres 1943 aufgelöst wurde. Ihre Lehrer und Schüler schlossen sich daraufhin dem Untergrund (*Maquis*) an (Comte, 1991).

»Jugend 1941«

Ansichten des Kollaborationisten Georges Pélorson, Leiter der Propaganda beim Generalsekretariat für die Jugend, über die Aufgabe der Jugend des Neuen Frankreich

Es ist eine Revolution, die die französische Jugend auf Wunsch des Marschalls machen soll, mit allem, was dieses Wort an tiefgehenden Umwälzungen mit sich bringt; der Marschall zählt vor allem auf sie, um diese Umwälzungen in die Tat umzusetzen. [...] Sein Wunsch findet in den Taten und den Plänen seiner Regierung seinen Niederschlag, nämlich durch die Gründung eines Generalsekretariats für die Jugend, das dank des Gesetzes vom 23. April 1941 eine neue Aufgabe erhalten hat. Es überwacht von nun an von höchster Stelle das Problem der Arbeit mit der Jugend; seine Rolle liegt hauptsächlich darin, der g a n z e n Jugend den Geist der Nationalen Revolution einzuhauchen. Es wird eine Art von Ministerium der nationalen und beruflichen Orientierung der Jugend werden. Es ist also dafür vorgesehen, beim Aufbau des Neuen Frankreich eine Vorreiterrolle zu spielen. Es wird innerhalb der Revolution der wirkliche Motor des neuen nationalen Geistes sein, so wie der Marschall es wünscht. [...]

Es gibt im eigentlichen Sinne noch keine Jugenddoktrin. Aber man erkennt bereits die Umrisse einer gemeinsamen Mystik. Am Ursprung dieser Mystik steht zunächst eine Verweigerung.

Mehr noch als die Erwachsenen sind sich die jungen Franzosen der Notwendigkeit eines Bruchs mit dem »alten Regime« bewußt, bewußt auch der Notwendigkeit, um keinen Preis umzukehren. Weiterhin gibt es den Willen, eine französische Tradition wiederzufinden, die unter dem Einfluß von Elementen, die der französischen Rasse oder Kultur zwar fremd waren, die aber, wie man weiß, in diesem Land dennoch die Oberhand gewonnen haben, die also unter diesem Einfluß – wie auch unter den Auswirkungen des Aufgebens und der Erstarrung, in die die Franzosen verfallen waren – jegliche Kraft und jegliche Bedeutung verloren hatte. [...]

Die reinsten und die besten Kräfte der französischen Jugend haben verstanden, daß der Wiederaufbau des Landes, zu dem der Marschall sie aufgefordert hat, nicht die Restauration, nicht die Ausbesserung eines überholten nationalen Egoismus ist. Indem sie Frankreich wieder aufrichten, richten sie in Wirklichkeit Europa wieder auf. Während man den französischen Wiederaufbau vorantreibt, muß man am Aufbau eines neuen Europas arbeiten. Die Jugend hat keine Angst mehr vor dem Wort Kollaboration, sie weiß, daß dieses Wort Solidarität bedeutet. Sie ist sich bewußt, daß sie dabei ist, Frankreich neu zu gestalten, ihrem Land den Platz zu geben, der ihm beim europäischen Aufbau zusteht. Und weil sie sich zu dieser größeren und offenherzigeren Idee der französischen Nation bekennt, weil sie fähig ist, die Eitelkeiten des Egoismus zu überwinden, hat sie Vertrauen in die europäische Idee und folgt dem Marschall, ohne zu zögern.

France 1941. La Révolution nationale constructive, un bilan et un programme. Paris: Alsatia, 1941. S. 214–231.

Die Wirtschaftspolitik Vichys

Eine Wirtschaft unter Zwängen

Sehr schnell wurde den neuen französischen Machthabern klar, was der Waffenstillstand für die Wirtschaft bedeutete. Der Krieg hatte nicht nur die industriellen und landwirtschaftlichen Kapazitäten stark in Mitleidenschaft gezogen, es wurden auch fast der gesamte Stahl und drei Viertel der Kohle in jenem Teil Frankreichs produziert, der nun besetzt war. Getreide, Milch, Zucker und Fleisch waren ebenfalls Produkte, die zum größten Teil aus dem Gebiet nördlich der Demarkationslinie stammten, während in der freien Zone hauptsächlich nur Wein produziert wurde. Zur Autarkie nicht in der Lage, mußte es dem »Königreich des Marschalls« gelingen, die Demarkationslinie durchlässiger zu machen, wenn es überleben wollte. Wie General de Gaulle bereits im Sommer 1940 bemerkte, war Frankreich tatsächlich »an Händen und Füßen gefesselt dem Feind ausgeliefert«.

Dieser Feind hatte keine Hemmungen, die französischen Reichtümer legal zu plündern, einerseits durch in ihrer Höhe völlig überzogene Besatzungskosten, andererseits durch unangemessene Verrechnungsbedingungen (*clearing*) und einen der französischen Regierung aufgezwungenen künstlich hohen Wechselkurs. Während der Dauer der Besatzung wurden 630 Milliarden Francs als Besatzungskosten überwiesen, das Defizit in der Zahlungsbilanz des Clearingabkommens belief sich auf 165 Milliarden Francs. Aus Frankreich stammten allein 40 % der von den Deutschen in den besetzten Ländern insgesamt geraubten Reichtümer. Die Last der Besatzungskosten, die das Gleichge-

Die Entwicklung der landwirtschaftlichen Produktion Frankreichs

	Weizen (Millionen Doppelzentner)	Kartoffeln	Zucker (Kilo-tonnen)	Wein (Millionen hl)	Fleisch (Kilo-tonnen)
1939	73	144	603	69	1551
1940	51	103	1047	49	1076
1941	56	69	436	48	958
1942	54	69	662	35	926
1943	64	65	616	41	823
1944	64	76	583	44	723

Die Entwicklung der industriellen Produktion Frankreichs

	Allgemeiner Index	Steinkohle (Millionen Tonnen)	Rohstahl (Kilo-tonnen)	Aluminium (Kilo-tonnen)	Zement (Kilo-tonnen)
1938	100	47	6221	45	296
1941	65	44	4310	66	243
1942	59	44	4488	45	171
1943	54	42	5127	46	214
1944	41	26	3092	26	105

Quelle: Sauvy (1978)

wicht des Haushalts empfindlich störte, erzeugte starke inflationistische Tendenzen, ausgelöst durch einen massiven Rückgriff auf die Notenpresse, während sich gleichzeitig der Geldumlauf nicht einschränken ließ (Margairaz, 1991).

Der Würgegriff, in dem der Waffenstillstand mit Deutschland die französische Wirtschaft hielt, hatte zwei Konsequenzen. Er zwang das Regime, eine Form der wirtschaftlichen Kollaboration mit dem Feind auszuhandeln, die quantitativ gesehen die wichtigste der verschiedenen Arten der Kollaboration wurde. Aber er veranlaßte Vichy auch dazu, Instrumente der Lenkung und der Kontrolle der Aktivität der privaten Wirtschaft zu ersinnen, um dem Gebot der Stunde zu gehorchen.

Die wirtschaftliche Kollaboration

Auch wenn die Unternehmen, die in erster Linie daran interessiert waren zu produzieren und zu verkaufen, die Aufträge des Reiches erfüllen mußten, das ja zum hauptsächlichen wirtschaftlichen und finanziellen Partner Frankreichs geworden war (Beltran/Frank/Rousso, 1994), wäre es doch zu einfach, die französischen Arbeitgeber zum Symbol des Verrats zu stempeln, wie dies während der Befreiung manchmal geschah. Wie in den anderen Bereichen muß man auch hier die Chronologie und die unterschiedlichen Situationen genau im Auge behalten (Hazera / de Rochebrune, 1995).

Bis 1942 lag das deutsche Ziel vorrangig in der maximalen Ausbeutung der französischen Reichtümer. Zusätzlich zu den bereits erwähnten Entnahmen entstand der Wunsch, den Eintritt von deutschem Kapital in französische Unternehmen zu erleichtern, sei es als Folge der »Arisierung« jüdischer Unternehmen, sei es durch Verhandlungen mit der französischen Industrie. In beiden Fällen machte Vichy manchmal weitreichende Zugeständnisse, um seinen guten Willen bei der Kollaboration unter Beweis zu stellen. Auf diese Weise hatte Laval im November 1940 den Deutschen ohne Gegenleistung die Borminen überlassen, ebenso die belgischen Goldvorräte, die das Nachbarland der französischen Zentralbank anvertraut hatte. Zumeist aber bemühte sich das Regime, dem deutschen Druck auszuweichen. Tatsächlich entstanden nur wenige Gesellschaften mit deutsch-französischem Kapital wie etwa »Francolor« auf dem Chemiesektor. Vichy rechtfertigte nach dem Krieg das Verhalten des Generalkommissars für Judenfragen, der – häufig inkompetente und stets eigennützige – französische Verwalter in den »arisierten« Unternehmen einsetzte, mit seinem Bemühen, Arbeiterschaft und französische Interessen zu schützen.

Die Lage änderte sich zu Beginn des Jahres 1942 mit der Mobilisierung aller Ressourcen für die Führung dessen, was Hitler bzw. Goebbels ein Jahr später den »totalen Krieg« nennen sollten. Der Architekt Albert Speer, der am 8. Februar 1942 zum Reichsminister für Bewaffnung und Munition ernannt wurde, bemühte sich darum, die Aufträge besser zu koordinieren: Die französischen Fabriken, insbesondere im Bereich der Metallurgie, der Bauwirtschaft und der Luftfahrt, liefen nun für die Bedürfnisse des Reiches auf Hochtouren. Die deutschen Kriegsanstrengungen erzeugten eine stetig steigende Nachfrage nach Arbeitskräften. Diese wiederum führte, wie an anderer Stelle schon erwähnt, zur Einführung der *Relève* und zum Zwangsarbeitsdienst (STO), dem sogenannten Reichseinsatz. In dieser Hinsicht geschickter als Sauckel, entwickelte Speer im September 1943 die sogenannten S-Betriebe (Sperr-Betriebe), Fabriken, die in Frankreich an deutschen Militäraufträgen arbeiteten und deren Arbeiter vom Zwangsarbeitsdienst ausgenommen waren.

Die industrielle Produktion für die Deutschen

Branche oder Bereich	% der Produktion für die Deutschen		
	1942	1943	1. Halbjahr 1944
Werkzeugmaschinen	20	26	23
Kraftfahrzeuge	68	60	77
Hüttenwerke	100	100	100
Wolle	28	27	34
Farben	50	70	65
Gummi	55	60	65
Kalk und Zement	48	73	76
Bau und öffentliche Arbeiten	55	80	80
Holz	40	55	55
Flugzeugproduktion	57	100	100
Schiffbau	75	82	78

Eine verwaltete Wirtschaft

Angesichts der tiefgreifenden Veränderung der Versorgung und der Handelsströme verordnete Vichy der französischen Wirtschaft eine Dirigismustherapie, die durch den Umstand erleichtert wurde, daß die neuen Verantwortlichen der Wirtschaftspolitik, abgesehen von Yves Bouthillier, alle den Kreisen der Erneuerer und Planer der Vorkriegszeit nahestanden. So war Jacques Barnaud, der im Februar 1941 zum Bevollmächtigten für die deutsch-französischen Wirtschaftsbeziehungen ernannt worden war, in den dreißiger Jahren die wichtigste geistige Triebfeder der *Nouveaux cahiers* (›Neue Hefte‹), die sich der Suche nach einem dritten Weg zwischen Kapitalismus und Sozialismus verschrieben hatten.

Das Gesetz vom 16. August 1940 richtete auch ein halb privates, halb öffentliches Verfahren ein, mit dem in jeder Produktionsbranche ein Organisationskomitee gegründet werden konnte, das nicht nur die Produktionskapazitäten erfassen und jegliche Art von Vorschlägen zu ihrer Verbesserung machen, sondern auch die Verteilung der für das Funktionieren der Betriebe nötigen Rohstoffe überwachen sollte. Diese Tätigkeit wurde von einem Zentralbüro für die Verteilung der Industrieprodukte koordiniert, das einen Monat später gegründet worden war und vom Ministerium für industrielle Produktion überwacht wurde, das bei dieser Gelegenheit den einzelnen Produktionsbranchen entsprechend neu strukturiert wurde.

In diesem neuen staatlichen und halbstaatlichen Apparat lag die eigentliche Macht in den Händen der Vertreter der großen Unternehmen und der hohen Beamten der Wirtschaftsverwaltung. Die Rechnung dafür zahlten Handwerker und kleine Unternehmer. Sie sahen sich zu Fusionen gezwungen, während das Regime unaufhörlich Lobreden auf den Kampf der Kleinen gegen die Großen hielt und bei Gelegenheit eine Reihe von Maßnahmen ergriff, die ihren Ursprung in einer Rede gegen die Auswüchse des Kapitalismus hatten; so zum Beispiel im Herbst 1940 die Reform der Gesetzgebung über die Aktiengesellschaften.

Tatsächlich kristallisierte sich im Bereich der Wirtschaftspolitik – und zum Teil auch in der Sozialpolitik – der Konflikt zwischen dem archaischen Programm der Nationalen Revolution und der Realität einer Modernität, die die »technokratische« Machtübernahme der Nachkriegszeit einläutete (Rousso, 1993). Die Folgen des Rohstoffmangels ebenso wie der Wiederaufbau des Landes erforderten eine Planung der Produktion und der Infrastruktur. Sie wurde von François Lehideux, dem Generaldelegierten für den nationalen Wiederaufbau, und von Jean Bichelonne, Generalsekretär, dann Minister für Industrieproduktion, in die Wege geleitet.

Der Fall Bichelonne ist interessant. Er war ein brillanter Kopf, für den nach Aussage eines seiner ehemaligen Mitarbeiter »die Logik die einzige Form der Argumentation ist; ihn verwirrt jede Art von Unbeständigkeit oder Unschärfe, in der er sich nicht orientieren kann, wenn sie sich nicht ganz seinem Verständnis entzieht«. Er war derart fasziniert von der wirtschaftlichen, industriellen und militärischen Stärke des Dritten Reiches, daß er in der wirtschaftlichen und technischen Kollaboration nur ein Mittel sah, um Frankreich in eine neue, von Deutschland geschaffene europäische Ordnung einzugliedern, wobei ihm die politischen Auswirkungen dieser Entscheidung völlig entgingen.

Vichy als Staat

Aber nicht nur das Land, auch der Staat – und das war besonders wichtig für das Regime – sollte völlig neu aufgebaut werden. Vichy fand keine Worte, die hart genug gewesen wären, um die Schwäche des republikanischen Staates anzuprangern, eine Schwäche, die aus der falschen Toleranz der Linksregierungen gegenüber den Gewerkschaften des öffentlichen Dienstes herrührte. Das ehrgeizige Programm, das Vichy dieser Dekadenz entgegenzustellen trachtete, sollte den Staat stärken und gleichzeitig den »Beamtengeist« ausmerzen.

Dieses Mißtrauen gegenüber den Angehörigen des Staatsdienstes zeigte sich von Beginn an nicht nur in regelmäßig wiederholten Schuldzuweisungen, sondern vor allem in einer regelrechten Säuberung. Sie wurde mit dem Gesetz vom 17. Juli 1940 eingeleitet, das die Minister ermächtigte, jeden Bediensteten ohne Begründung aus seinem Amt zu entlassen. Ihm fielen sicherlich auch einige Beamte zum Opfer, die es an Arbeitseifer vermissen ließen; das Gesetz traf aber vor allem diejenigen, die zur Gewerkschaftsbewegung gehörten, und insbesondere unter den hohen Beamten einige von denjenigen, deren Engagement für die Linke allgemein bekannt war. Damit sollte wohl der Primat der Autorität unter Beweis gestellt werden, auf den sich alle Anhänger des neuen Regimes beriefen.

Um in diesem Zusammenhang eine Frage aufzugreifen, die häufig gestellt wird, wenn man sich mit dem Vichy-Regime beschäftigt: Man muß feststellen, daß die Brüche die Kontinuitäten überwiegen. Sicherlich standen der Wille zur Stärkung des Staates und die Reden, in denen die Rolle der Autorität betont wurde, auch in der Republik der unmittelbaren Vorkriegszeit auf der Tagesordnung. Immerhin hatte diese Republik zu Beginn des Jahres 1939 unter der eher harmlosen Bezeichnung *Comité de la réorganisation administratif* (»Komitee für die Umorganisation der Verwaltung«) eine Untersuchungskommission gegründet, die die Verwaltung effizienter gestalten sollte und der schon bald der Spitzname *Comité de la hache* (»Henkerbeil-Komitee«) anhaftete. Und es war ebenfalls schon das republikanische Regime, das zwischen Herbst 1939 und Frühling 1940 die kommunistischen Bediensteten aus dem Staatsdienst entlassen hatte. Aber die Säuberung, die nun von Vichy ins Werk gesetzt wurde, war anderer Natur: Beginnend mit dem Gesetz vom 17. Juli 1940 über die Amtsentlassungen und bald erweitert durch Ergänzungen, die Frauen, Juden, Kinder von Ausländern und schließlich Freimaurer aus der Verwaltung ausschlossen, wurde sie nicht mehr von der politischen Konjunktur diktiert, sie entsprang einer im Kern autoritären Staatsphilosophie, die der des republikanischen Modells diametral entgegengesetzt war.

Von der Intention zur Realität

Das Entstehen neuer Interventionsbereiche des Staates und die Ausschaltung repräsentativer Einrichtungen – das Parlament auf nationaler Ebene, die *Conseils généraux* auf der Ebene der Departements – führten zu einer Stärkung der Macht der Vertreter des Staates und im übrigen auch zu einem spürbaren Anwachsen ihrer Anzahl. Sie stieg zwischen 1939 und 1944 von 650 000 auf ungefähr 900 000 an (Rouban, 1995). Man war weit entfernt von Maurras' Modell der »wenigen, gut bezahlten Beamten« oder von dem des minimalen Staates, der den Liberalen heilig war. Es war ein weiter Weg von der Idee zur Wirklichkeit, wie es das Schicksal der Reformprojekte zeigte, die in den ersten Tagen des Regimes angekündigt worden waren.

Das Gleiche geschah mit den Gouverneuren, die nach den Vorstellungen der Kreise um den Marschall an der Spitze von »Provinzen« stehen sollten, deren Vorbild im Ancien régime zu finden ist. Unterstützt von Darlan setzte die höhere Verwaltung, die in erster Linie auf Effektivität bedacht war, im Frühjahr 1941 an ihre Stelle die Präfekten der neugeschaffenen Regionen. Dieses Amt war mit Sondervollmachten im Bereich der Polizei und der wirtschaftlichen Organisation, insbesondere hinsichtlich der Versorgung, ausgestattet. Gleichzeitig wurde die den Präfekten der Departements bereits im Dezember 1940 zugewiesene Rolle als Koordinatoren innerhalb dieser Verwaltungseinheiten nochmals ausgeweitet.

Auch im Bereich der Zentralbehörden versuchte das Regime die Rationalisierung der Verwaltung durchzusetzen, indem es den Posten des Generalsekretärs des Ministeriums (*secrétaire général de ministère*) schuf, der im Auftrag des Ministers die verschiedenen Dienststellen leiten sollte. Diese Reform wäre sinnvoll gewesen, wenn die Minister tatsächlich aus dem Parlament hervorgegangen wären, verlor aber ihren Sinn, da die Minister von Vichy selbst aus dem öffentlichen Dienst oder dem professionellen Sektor stammten, für die sie jetzt die Verantwortung trugen. Daraus entstanden zahlreiche Konflikte, institutioneller oder persönlicher Art, zwischen Ministern, Generalsekretären und leitenden Beamten. Indem die Regierung die Rationalisierung ohne Rücksicht auf die administrativen und menschlichen Gegebenheiten in Angriff nahm, blähte sie lediglich den Apparat auf und förderte die Bürokratie.

Diese Formen der Konkurrenz auf höchster Ebene waren ein konstanter Faktor in der Arbeitsweise der Machtzentrale. Aus Mißtrauen gegenüber dem professionellen öffentlichen Dienst schuf sie parallel zu den traditionellen Verwaltungseinrichtungen unablässig neue Behörden, denen die Durchsetzung der wichtigsten politischen Ziele anvertraut wurde. Auch wenn es auf diese Weise neue Wege ging, indem es die Bildung der *administrations de mission* (»Sonderbehörden«) der Nachkriegszeit vorwegnahm, konnte das Regime das Auftreten von Konflikten zwischen den klassischen Verwaltungen und den neuen Behörden nicht verhindern, Konflikte, die die erfolgreiche Durchführung der gesteckten Ziele offensichtlich in Frage stellten. Immer wieder hatte das Regime die Institutionen des republikanischen Staates schärfstens für ihren Mangel an Effizienz kritisiert; nun verursachten seine eigenen internen Entscheidungen Funktionsstörungen, die dem in ihren Auswirkungen in nichts nachstanden.

Eine politisierte Verwaltung

Doch das war nicht das einzige Paradox des Regimes; es kam das der Politisierung hinzu: Einer der größten Vorwürfe, die Vichy dem öffentlichen Dienst der Vorkriegszeit gemacht hatte, war, daß er sich in den Dienst der Volksfrontregierung gestellt hatte. Die Beamten mußten einsehen, daß sich die Zeiten geändert hatten und daß der Staat von nun an für alle da war und nicht nur der Staat der Parteigänger des parlamentarischen Regimes war. Ein Kommentator faßte das in folgende Worte: »Seit der Revolution von 1940 hat man die Idee einer vollständigen ›Entpolitisierung‹ des öffentlichen Dienstes aufgegeben. Da die Verwaltung die Mitarbeiterin der Regierung ist, indem sie deren Direktiven umzusetzen hat, geht man davon aus, daß der öffentliche Dienst neben seiner rein technischen Funktion auch einen gewissen politischen Charakter aufweist. Deshalb ist es unerläßlich, daß die Kandidaten für diese Ämter, neben ihren rein professionellen Fähigkeiten, auch gewisse politische Fähigkeiten zu deren Ausübung mitbringen« (Duverger, 1941). Die Politisierung der Verwaltung, die von der Rechten in der Vorkriegszeit so verunglimpft worden war, war von nun an fester Bestandteil der Philosophie des Regimes. Man erwartete von den Beamten, daß sie sich persönlich für den Erfolg der Nationalen Revolution einsetzten. Das zeigt der Treueid auf die Person von Marschall Pétain, der bereits im Januar 1941 von den hohen Beamten verlangt und dann auf immer größere Kreise des öffentlichen Dienstes ausgedehnt wurde.

Es blieb nicht aus, daß diese Politisierung die Verwaltung vor wirkliche Probleme stellte, insbesondere auf lokaler Ebene. Als mit dem Wechsel zu Darlan Anfang 1941 klar wurde, daß man den langjährigen Beamten das Bekenntnis zum Regime erleichtern mußte, mußten die Präfekten gegen einen die *Légion* nach wie vor beherrschenden Geist ankämpfen, der von der pétainistischen Ideologie des »Zwischen dem Guten und dem Bösen gibt es keine neutrale Position« und »Wer nicht für mich ist, der ist gegen mich« geprägt war; beides Formeln, die schwere Drohungen beinhalteten.

In diesem Kampf konnten die Präfekten auf die Unterstützung Darlans zählen, der den revanchistischen und ultra-reaktionären Aspekten der Legionsbewegung ablehnend gegenüberstand. Sie hatten hingegen größere Schwierigkeiten mit den Beauftragten für Information und Propaganda, die der Kontrolle von Paul Marion unterworfen waren; er stand den Prinzipien des totalitären Staates ebenso nahe wie ihr oberster Dienstherr Pierre Pucheu, Innenminister zwischen Juli 1941 und April 1942. Dieser vertrat im übrigen ein Programm, das auf hohe Funktionäre in verantwortlichen Positionen sehr anziehend wirken mußte, denn in ihm erschien die Verwaltung als das wichtigste, wenn nicht gar das einzige Bindeglied zwischen der Regierung und der Bevölkerung: »Meine große Sorge ist es, allen Franzosen das Gefühl zu geben, daß die nationale Einheit nicht zerbrochen ist, selbst wenn die Erfordernisse unserer Situation das Staatsgebiet vorübergehend aufgeteilt haben. [...] Ich arbeite dafür, daß das ganze Volk hinter der Regierung steht, die es, durch Phasen des Tastens und Zögerns, zu einem neuen Staat führt.« (*Gringoire*, 31. Oktober 1941.)

Das hieß also, der Verwaltung eindeutig eine hohe politische Funktion zuzusprechen, aber dieser Übertragung der Politik auf die Verwaltung war kein Erfolg beschieden. Dafür gab es zunächst einfache materielle Gründe, wie etwa, wegen der großen Zahl der Kriegsgefangenen, das Fehlen eines Reservoirs, aus dem die Regierung neue Verwaltungsfachleute hätte schöpfen können. Aber auch der politische Faktor spielte eine Rolle, denn die Regierung schreckte davor zurück, auf die »jungen Herren« aus den neuen Eliten zurückzugreifen, die nur allzu gern bereit waren, ihren Mangel an verwalterischen Fähigkeiten durch ein Engagement zugunsten der neuen Ordnung wettzumachen. Eine der wenigen Einrichtungen, in der diese Form der Rekrutierung praktiziert wurde, war die *Délégation générale du gouvernement dans les territoires occupé,* (DGTO; »Generaldelegation der Regierung in den besetzten Gebieten«). Sie wurde von dem ehemaligen Journalisten Fernand de Brinon geleitet, der bereits vor dem Krieg für seine Sympathien für Hitler-Deutschland bekannt war.

Verwaltung eines zersplitterten Landes

Dennoch wurde die Rolle gerade dieser Delegation besonders wichtig, und zwar in dem Maße, wie die Demarkationslinie Paris, das bereits seit Ende 1940 wieder die Verwaltungshauptstadt des Landes war, von Vichy, offizielle

»provisorische Hauptstadt« und Regierungssitz, trennte. Denn da an den Ufern des Allier nur die neuralgischen Verwaltungen – im wesentlichen Außenministerium und militärische Ministerien – geblieben waren, waren die Minister zu einem häufigen Hin- und Herreisen zwischen den beiden Zonen gezwungen, sofern sie den unerläßlichen »Ausweis« – wie so oft während der Besatzungszeit hielten die Franzosen auch in diesem Fall mit Absicht am deutschen Begriff fest – erhalten hatten.

Eine solch verwirrende Situation machte die Aufgabe der Verwaltung tatsächlich sehr schwierig. Deshalb funktionierten zum Beispiel die Maßnahmen in einem der sensibelsten Bereiche, nämlich bei der Versorgung der Bevölkerung, niemals einwandfrei (Veillon, 1995). Der Schwarze Markt florierte, und es gab nur wenige öffentliche Einrichtungen und soziale Gruppen, die sich nicht über die Bürokratie und die Ineffizienz der im Bereich der Versorgung tätigen Dienste beschwerten, die oftmals ehemaligen Quartiermeistern des Heeres anvertraut waren. Es war widersinnig, Frankreich unter diesen Umständen eine Roßkur mit dem Ziel der Erneuerung zu verordnen. Wenn es, wie man gesehen hat, nur wenige wirtschaftliche oder soziale Bereiche gab, in denen keine Reformen geplant wurden, so diktierten in anderen Bereichen die äußeren Umstände das Handeln. Dies war zum Beispiel bei der Organisation der Polizei der Fall.

Vorrang für die Repression

Zunächst sei noch einmal daran erinnert, wie wichtig die Handhabung der Instrumente der Ordnungsmacht für die Existenzberechtigung eines Regimes war, das die Souveränität über das gesamte französische Territorium verteidigen wollte. Diese Einstellung wurde vor allem auf dem Sektor der Polizei bedeutsam, als die Anzeichen offenen Widerstandes gegen die Politik des Regimes, die in der ersten Zeit der Besatzung noch eher vereinzelt und selten waren, zahlreicher und eindeutiger wurden.

Widerstand und Unterdrückung

Der erste Widerstand, der bis zur Jahresmitte 1941 durchweg individuell und wenig organisiert war (Kedward, 1989), stammte von einzelnen Personen, die zu sehr vom Schock des Waffenstillstandes gezeichnet waren, um ihn einfach als ein notwendiges Übel hinnehmen zu können. Sie waren sehr unterschiedlicher Herkunft: Zu ihnen gehörten Militärs, die den Kampf weiterführen wollten, wie Hauptmann Henri Frenay, der bald der Gründer der Widerstandsgruppe *Combat* (»Kampf«) werden sollte, Sympathisanten der kleinen christlich-demokratischen Partei oder nicht-pazifistische Sozialisten. Dazu zählten auch einige isolierte Kommunisten, die zwischen den Ratschlägen der Partei, die sich im Streit zwischen den Partnern im »imperialistischen Krieg« nicht festlegen wollte, und ihrer Treue zu ihrem eigenen antinationalsozialistischen Engagement der Vorkriegszeit hin- und hergerissen waren.

In der ersten Zeit nur wenig wahrgenommen, wurden die Worte und Taten der Gaullisten allmählich zum Fixpunkt,

BEKANNTMACHUNG

—

1. Der Jude SZMUL TYSZELMAN aus Paris
2. Der HENRY GAUTHEROT aus Paris

sind wegen Begünstigung des Feindes, begangen durch Teilnahme an einer gegen die deutschen Besatzungstruppen gerichteten kommunistischen Kundgebung, zum Tode verurteilt und erschossen worden.

Paris, den 19. August 1941.

Der Militärbefehlshaber in Frankreich.

AVIS

—

1. Le Juif SZMUL TYSZELMAN de Paris
2. Le nommé HENRY GAUTHEROT de Paris

ont été condamnés à mort pour aide à l'ennemi, ayant pris part à une manifestation communiste dirigée contre les troupes d'occupation allemandes. Ils ont été fusillés aujourd'hui.

Paris, le 19 Août 1941.

Der Militärbefehlshaber in Frankreich.

BEKANNTMACHUNG

1. Der Kapitänleutnant **Henri Louis Honoré COMTE D'ESTIENNES D'ORVES**, französischer Staatsangehöriger, geb. am 5. Juni 1901 in Verrières,
2. der Handelsvertreter **Maurice Charles Émile BARLIER**, französischer Staatsangehöriger, geb. am 9. September 1905 in St. Dié,
3. der Kaufmann **Jan Louis-Guilleaume DOORNIK**, holländischer Staatsangehöriger, geb. am 26 Juni 1905 in Paris,

sind wegen Spionage zum Tode verurteilt und heute erschossen worden.

Paris, den 29. August 1941.

Der Militärbefehlshaber in Frankreich.

AVIS

1. Le lieutenant de vaisseau **Henri Louis Honoré COMTE D'ESTIENNES D'ORVES**, Français, né le 5 juin 1901 à Verrières,
2. l'agent commercial **Maurice Charles Émile BARLIER**, Français, né le 9 septembre 1905 à St-Dié,
3. le commerçant **Jan Louis-Guilleaume DOORNIK**, Hollandais, né le 26 juin 1905 à Paris,

ont été condamnés à mort à cause d'espionnage. Ils ont été fusillés aujourd'hui.

Paris, le 29 Août 1941.

Der Militärbefehlshaber in Frankreich.

um den herum sich in der Vorstellung der Franzosen die Opposition gegen die vom Regime gepriesene Kollaboration und die mehr oder minder abwartende Gegnerschaft zu Vichy kristallisierte. Auf diese wachsende Legitimität der »Dissidenz« antwortete das Regime mit dem Verbot, ausländische Radiosendungen zu hören. Gleichzeitig pries seine Propaganda den Mut derjenigen, die im Lande geblieben waren, um sich dem Feind entgegenzustellen, im Gegensatz zu den Kriegstreibern, die es sich in London hinter dem »General Mikrofon, dem Wegbereiter der Juden« in Ruhe bequem gemacht hatten. De Gaulle war in ihren Augen nur ein Deserteur, der bereits im August 1940 in Abwesenheit zum Tode verurteilt worden war.

Die Ereignisse beschleunigten sich, als die französischen Kommunisten nach dem 22. Juni 1941 zum bewaffneten Widerstand übergingen. Der nun folgende Teufelskreis zwischen Attentat und Geiselerschießung, der die Wirren des »blutigen Herbstes« kennzeichnete (Laborie, 1990), hatte eine doppelte Konsequenz: Er zog einen unüberbrückbaren Graben zwischen der Bevölkerung und dem Besatzer und trieb gleichzeitig das Regime in die Spirale einer Repression, die – wollte das Regime seine volle Souveränität bewahren – in den Händen französischer Instanzen bleiben mußte. Bousquet trieb diese Logik auf die Spitze, aber bereits vor ihm hatte Pucheu das gleiche gesagt, als er im Januar 1942 vor den Beamten der Präfektur, die in Paris im Palais de Chaillot ihren Treueid auf den Staatschef ablegen sollten, erklärte: »Die Aufgabe, die Sie erfüllen sollen, ist die Aufrechterhaltung der öffentlichen Ordnung, die für das Überleben der Nation unabdingbar ist. Dies muß von französischen Hän-

---

Zwei Bekanntmachungen der deutschen Militärverwaltung über die Hinrichtung von Kommunisten bzw. von Mitgliedern der Résistance

den, von französischen Armen, von französischen Köpfen gewährleistet werden.« (Archives nationales, 2 AG 25.)

Daraus entstand »die bisher nie dagewesene, unangenehme und zwiespältige Lage einer Polizei, die Symbol der Legitimität und der Vorrechte eines souveränen Staates war, nun aber gleichzeitig zum Werkzeug einer spezifischen Politik und zum Tauschobjekt gegenüber einem Besatzer wurde, der kein anderes Ziel hatte, als sich mit dem geringsten Kostenaufwand unverhoffter Hilfstruppen zu bedienen« (Berlière, 1996). Diese dreifache Aufgabenstellung hatte zur Folge, daß umgehend Reformen in Angriff genommen wurden, die den Aufbau einer modernen und effizienten Polizei ermöglichten. Das geschah bereits ab dem Frühling 1941.

Die Polizei als Instrument: Aufbau und Denaturierung

Der Vorrang der Polizei. Ab Sommer 1940 wechselte die Regierung alle hohen Verantwortlichen im Bereich der nationalen Sicherheit aus und bereitete eine Neuorganisation des gesamten Polizeiapparates vor. Am 23. April 1941, das heißt, nur vier Tage nachdem Regionalpräfekten eingesetzt worden waren, wurde ein Gesetz unterzeichnet, das »die allgemeine Organisation des Polizeidienstes in Frankreich« betraf. Es schuf eine Polizeistruktur, die einer unleugbaren inneren Logik folgte und im wesentlichen auf der Verstaatlichung einer bis dahin überwiegend städtischen Polizei gründete, eine Verstaatlichung, die die III. Republik nie erfolgreich hatte zu Ende führen können.

Das Gesetz betraf einerseits die zentrale Verwaltung, die in *Direction générale de la police nationale* (»Generaldirektion der nationalen Polizei«) umbenannt wurde und sich auf drei Dienste stützte: auf die Kriminalpolizei, die öffentliche

Sicherheit und den Nachrichtendienst; andererseits auf die externen Dienststellen, die allgemein den von den Intendanten der Polizei unterstützten Regionalpräfekten unterstellt wurden. Diese Dienststellen waren nach Distrikten aufgeteilt, für die die Präfekten der Departements zusammen mit den Distriktkommissaren verantwortlich waren. Das gesamte Personal der Polizei wurde zu Bediensteten des Staates: Während die übergeordnete Hierarchie (ab dem Dienstgrad des Inspektors) der nationalen Polizei unterstand, die zum Aufgabenbereich des Ministers gehörte, wurden alle anderen, einschließlich der ehemaligen Mitglieder der städtischen Polizei, in die regionale Staatspolizei eingegliedert und den Regionalpräfekten unterstellt. Die große Sorgfalt, die auf die Ausbildung der Polizeibeamten verwendet wurde, zeigte sich in der Gründung einer nationalen Polizeischule in der Nähe von Lyon. Sie konnte bereits im August 1941 ihren ersten Jahrgang aufnehmen, der selbstverständlich »Marschall Pétain« getauft wurde.

Eine Polizei oder mehrere Polizeien? Die Reform der Polizei ging weit über diese – notwendigen – Rationalisierungen im Funktionsapparat der Polizei hinaus. Während das Regime einerseits den Repressionsapparat der politischen Polizei verstärkte, der noch unter der Republik eingerichtet worden war (Nachrichtendienst), ließ es andererseits auch die Bildung einer parallelen zweiten Polizeiorganisation zu, die auf die Auseinandersetzung mit den zahlreichen Feinden spezialisiert war, denen der neue Staat den Kampf angesagt hatte. Auf diese Weise erhielten, unter Verstoß gegen die Gesetze über die Kriminalpolizei, der *Commissariat général aux questions juives* (»Generalkommissariat für Judenfragen«) und die mit dem Kampf gegen die Freimaurerei befaßten Dienste jeweils ihre eigene Polizei, die außerhalb der normalen Polizeihierarchie stand und wie der von Pucheu gegründete *Service de police anticommuniste* (SPAC;

»Antikommunistische Polizei«) dem ehemaligen Handelsvertreter Charles Detmar unterstellt war. Ihn hatte der Staatssekretär des Inneren im *Parti populaire français* (PPF) kennengelernt.

Die polizeilichen Institutionen waren angesichts des Auftauchens neuer Kategorien von Staatsfeinden nicht untätig geblieben. Unter dem harmlosen Namen *Service des contrôles techniques* (»Technischer Kontrolldienst«) war im Herbst 1940 eine Einrichtung zur Überwachung der öffentlichen Meinung geschaffen worden, die dank des Abfangens und Abhörens eines großen Teils des täglichen Brief- und Telefonverkehrs die Regierung auf dem laufenden halten sollte. Im Bereich der aktiven Repression müssen die zu trauriger Berühmtheit gelangten *brigades spéciales* (»Spezialbrigaden«) der Polizeipräfektur erwähnt werden. Sie waren bereits im März 1940 gegründet worden, um die Überwachungseinrichtungen gegen die Kommunisten in Paris zu vervollständigen: Die Effektivität ihrer »Methoden«, meist mit tödlichem Ausgang, garantierte ihnen einen herausragenden Platz im Instrumentarium, das im Kampf gegen die Kommunisten aufgeboten wurde – einem Kampf, der in einer weiten Auslegung der Rolle des Nachrichtendienstes seinen Anfang nahm.

Die Repression, Eckstein der Kollaboration. In dem Bestreben, seine Macht über die Polizei zu festigen, wozu ihn persönlicher Ehrgeiz wie auch ein Hang zur administrativen Ordnung trieben, bemühte sich Bousquet, den gesamten Repressionsapparat unter seine Verantwortung zu bringen. Es gelang ihm nicht vollständig: Zwar mußten die Polizeidienststellen für Judenfragen, die in *Sections d'enquête et de contrôle* (»Untersuchungs- und Kontrollabteilung«) umbenannt worden waren, für jede Verhaftung auf die nationale Polizei zurückgreifen, doch gewann der SPAC, der einfach in *Service de répression des menées antinationales* (SRMAN;

René Bousquet, Generalsekretär der französischen Polizei, inspiziert die *Groupes mobiles de réserve*, die dem Vichy-Regime als eigenes Repressionsinstrument dienten

»Unterdrückungsapparat gegen antinationale Umtriebe«) umbenannt worden war, weiter an Unabhängigkeit.

Als Antwort auf die deutschen Forderungen führte dasselbe Verhalten, flankiert von der fixen Idee Bousquets, die Souveränität des polizeilichen Einsatzapparates sicherzustellen, in das Räderwerk der totalen Kollaboration. Sie begann mit der Beteiligung der französischen Polizei an den Razzien des Sommers 1942 und wurde dann mit ihrer Verstrickung in die Unterdrückung des Widerstandes und mit der Suche nach den Verweigerern des Zwangsarbeitsdienstes (STO) fortgeführt. Dennoch, trotz zweier offizieller Schriftwechsel, der sogenannten »Oberg-Bousquet-Vereinbarungen«[6] – der erste erfolgte im August 1942 und der zweite im April 1943 –, verloren die Deutschen allmählich das Vertrauen in die französische Polizei und in ihren Generalsekretär. Dieser mußte seinen Posten Ende des Jahres 1943 verlassen. Die Deutschen interessierten sich von nun an vor allem für eine neue Einrichtung, die mit Unterstützung des *État français* geschaffen worden war: die Miliz.

Eine umgestaltete Justiz

Die ständig steigenden deutschen Forderungen waren auch in einem anderen für die Aufrechterhaltung der inneren Ordnung wichtigen Bereich spürbar: in der Justiz. Vichy, ein autoritäres Regime, legte – und dies gilt insbesondere

6 Carl Albrecht Oberg, seit dem 12. Mai 1942 *Höherer SS- und Polizeiführer im Bereich des Militärbefehlshabers in Frankreich*, traf im Juli 1942 mit dem Generalsekretär und Chef der französischen Polizei, René Bousquet, eine Absprache, mit der die Zusammenarbeit und die jeweiligen Zuständigkeiten bei der geplanten Verhaftung und Deportation der Juden aus Frankreich geregelt wurden. Während sich Oberg der uneingeschränkten Unterstützung der französischen Polizei bei der deutschen Rassenpolitik versicherte, sah Bousquet in dem Abkommen die Wahrung der Souveränität Vichys.

auch für totalitäre Regime – großen Wert darauf, den Rechtsweg zu respektieren: Wenn das Recht auch einer harten Belastungsprobe unterzogen wurde, so wurde es doch niemals einfach beiseite geschoben (*Le Genre humain*, 1994). Abgesehen von den letzten Monaten des Regimes, als man auf die Schnelle Standgerichte schuf, wurden selbst die offensichtlichsten Verletzungen der republikanischen Prinzipien im Strafrecht noch von formal nicht zu beanstandenden Gesetzen gedeckt und von einer formal zuständigen Rechtsprechung angewandt. Die Bereitwilligkeit, mit der sich die Anwälte – und die Richter und Staatsanwälte – den Bedingungen des Autoritarismus unterwarfen, ist eine der Lehren Vichys, die besonders beunruhigen (Dupeyroux, 1983; Lochak, 1989).

Die spezielle Rechtsprechung. Der *État français* schuf auch zahlreiche Sondergerichte, insbesondere die bereits erwähnte *Cour suprême de justice* (»Oberster Gerichtshof der Justiz«), der in Riom seinen Sitz nahm. Gegen das Prinzip der Trennung der exekutiven und der legislativen Gewalt, der Basis eines jeden demokratischen Regimes, gestand sich Marschall Pétain die Macht zu, gegen ehemalige Minister und hohe Beamte, die innerhalb der letzten zehn Jahre aus ihren Ämtern ausgeschieden waren, Strafen auszusprechen, die bis zur Verhängung von Festungshaft gehen konnten. Diese Möglichkeit wurde im August 1941 im Falle von Paul Reynaud und Georges Mandel angewandt, aber auch gegen mehrere der Angeklagten von Riom, wie Léon Blum und Édouard Daladier, die so bereits vor ihrer Verhandlung als verurteilt galten.

In dem Maße, wie die Opposition gegen das Regime stärker und zahlreicher wurde, entstanden immer neue Gebilde in der Rechtsprechung, die es sowohl durch die Zusammensetzung des Gerichts als auch die Art des Verfahrens ermöglichten, schnell und oft ohne Einspruchsmöglichkeit als

»terroristisch« eingestufte Taten abzuurteilen. Die berüchtigsten waren die *sections spéciales* (»Sonderkammern«) der Gerichte, die mit dem auf den 14. August 1941 vordatierten Gesetz eingerichtet worden waren, einem Gesetz, das tatsächlich erst am 22. August, einen Tag nach dem Attentat auf den Marineverwaltungsassistenten Alfons Moser[7], erlassen worden war. Diese Spezialabteilungen, die in der freien Zone den Militärgerichtshöfen und in der besetzten Zone dem Appellationsgericht unterstellt waren, konnten gegen Terroristen und Kommunisten – ohne jede Revisionsmöglichkeit – Gefängnisstrafen, aber auch Todesurteile aussprechen. Das Gesetz, durch das sie geschaffen wurden, hatte rückwirkende Gültigkeit, was einen eindeutigen Verstoß gegen eines der wichtigsten Prinzipien des Strafrechtes bedeutete. Pucheu stellte ausdrücklich klar, daß die Einhaltung der Rechtsvorschriften fortan den politischen Erfordernissen untergeordnet war, als er in seiner Antwort auf die Skrupel des Justizministers Joseph Barthélemy, der im übrigen die Gesetzesvorlage am Ende doch unterzeichnete (Barthélemy, 1989), ausrief: »Wer kümmert sich schon um juristische Skrupel, wenn es um die nationale Rettung geht?« (Royer, 1995.)

Als die Sonderkammer von Paris, die umgehend gebildet wurde, nur drei der insgesamt sechs von den Deutschen verlangten Todesurteile aussprach, schuf ein Gesetz vom 7. September 1941 in Paris und in Lyon einen Staatsgerichtshof (*tribunal d'État*). Mit Ausnahme des Vorsitzenden und des Bevollmächtigten der Regierung war keines seiner Mit-

7 Das Attentat bildete den Auftakt zu einer Serie von Anschlägen, der am 20. Oktober 1941 auch der Feldkommandant von Nantes, Fritz Hotz, zum Opfer fiel. Als Vergeltung ordnete Hitler daraufhin die Erschießung von 100 Geiseln aus den Gefängnissen von Nantes und Châteaubriant an. In der Zeit von Juni 1940 bis Mai 1941 wurden 14, von Juni bis Oktober 1941 dagegen 123 und bis zum Sommer 1942 weitere 1478 Franzosen von den Deutschen erschossen.

glieder, die alle durch ein Dekret ernannt worden waren, Berufsrichter. Die Zuständigkeit dieses Gerichts war ebenso weitreichend wie vage, sie betraf »die Urheber jeglicher Handlungen, Umtriebe oder Tätigkeiten, die, was auch immer ihre Bezeichnung, ihre Absicht oder ihr Gegenstand waren, die Ordnung, den inneren Frieden, die öffentliche Ruhe oder die internationalen Beziehungen stören oder ganz allgemein dem französischen Volk schaden konnten« (*Journal officiel* vom 10. September 1941). Mit diesem Gesetz war man nicht mehr sehr weit von der Definition des Verbrechens entfernt, die ihm das nationalsozialistische Recht gab, selbst wenn die – erheblichen – Unterschiede zwischen dem Hitlerschen Terrorregime und dem pétainistischen Autoritarismus zeigen, daß sich zum Beispiel die vom Staatsgerichtshof in Frankreich ausgesprochenen Strafen nicht mit denen des deutschen »Volksgerichtshofes« vergleichen lassen.

VI
Das Regime nach der Wende vom November 1942

Das Jahr 1942, das mit dem Kriegseintritt der Amerikaner begann, endete mit der Landung der alliierten Truppen in Nordafrika und der Einkreisung der 6. deutschen Armee in Stalingrad – Ereignisse, die den eigentlichen Wendepunkt des Krieges bedeuteten. Diese Zäsuren im Ablauf des Konfliktes sollten wichtige Rückwirkungen auf die Situation in Frankreich haben, das dazu ausersehen war, die Bühne der entscheidenden militärischen Operationen zu werden, als die von Stalin geforderte zweite Front der Angelsachsen eröffnet wurde.

Vichy ohne Trümpfe, Vichy ohne Illusionen

Die Wende vom 8. November 1942

Mitte August 1942 war es den Deutschen noch gelungen, einen Landungsversuch der kanadischen Truppen an der Kanalküste in Dieppe zurückzuschlagen – ein Ereignis, auf das Pétain mit einem Glückwunschtelegramm an Hitler reagierte –, die amerikanische Landung an der algerischen und marokkanischen Küste vier Monate später war dagegen ein voller Erfolg. Die *Operation Torch*, die in der Nacht vom 7. auf den 8. November begann, ermöglichte es den Alliierten, ohne größere Gefechte im französischen Nordafrika Fuß zu fassen. Die deutsche Reaktion folgte umgehend. Während Laval nach Berchtesgaden gereist war, um – wie es hieß – mit Hitler über die Konsequenzen der neuen politisch-militärischen Lage zu diskutieren, überschritten die Truppen des Reiches am 11. November 1942 die Demarkationslinie. Die Italiener profitierten von der Situation und besetzten den östlich der Rhône liegenden Teil Frankreichs sowie die Insel Korsika.

Gemäß den geheimen Anweisungen, die sie erhalten hatte, versenkte sich die französische Flotte, die im Hafen von Toulon vor Anker lag, am 27. November selbst. Die Waffenstillstandsarmee wurde entwaffnet, trotz der halbherzigen Versuche einiger ihrer Führer, ihre Waffenvorräte der Widerstandsbewegung zu übergeben. Nun gab es keine freie Zone, keine Flotte und auch kein Kolonialreich mehr für Vichy. Vichy hatte binnen weniger Tage seine letzten Trumpfkarten verloren. Dennoch, formal tat das Regime, als habe sich nichts an den Waffenstillstandsbedingungen geändert: Die Zeitungen erhielten Anweisung zu schreiben, daß »die deutschen Truppen die freie Zone [lediglich] durchqueren, um Verteidigungsstellungen an der Mittelmeerküste einzunehmen«, jede Andeutung einer »Besetzung« der ehemals freien Zone war verboten.

Die übrigen militärischen Ereignisse

Die deutschen Truppen waren auch nach Tunesien einmarschiert, ohne daß dem französischen Generalresidenten, Admiral Estéva, Befehl gegeben worden wäre, sich ihnen zu widersetzen. Es folgte ein langer Feldzug, der erst Mitte Mai 1943 mit dem Einzug der Alliierten in Tunis endete. Zu diesem Zeitpunkt hatte sich die militärische Lage entscheidend geändert, insbesondere nach der Kapitulation von Generalfeldmarschall Paulus, dem Oberbefehlshaber der deutschen Truppen in Stalingrad, am 2. Februar 1943.

Zu Beginn des Sommers setzten die Alliierten mit der Landung auf Sizilien am 10. Juli 1943 zum ersten Mal den Fuß auf den europäischen Kontinent. Das Ereignis hatte erhebliche politische Auswirkungen: Zwei Wochen später verkündete der Große Faschistische Rat die Absetzung und Verhaftung Mussolinis und übertrug Marschall Badoglio die Macht. Der Fall von Hitlers wichtigstem europäischen Alliierten – der im übrigen bald durch einen Handstreich der SS befreit wurde und in Norditalien ein Terrorregime, die »Republik von Salò«, errichtete – hinterließ im besetzten Frankreich einen tiefen Eindruck: Die Ereignisse zeigten, daß Diktaturen nicht ewig dauerten. Der Verlauf der militärischen Operationen machte nun erstmals offenkundig, daß die Deutschen und ihre Verbündeten den Krieg nicht gewinnen konnten.

Laval an der Macht

Vollmachten eines Diktators

An der Spitze einer Regierung, die über keine Trumpfkarten mehr verfügte, und seiner letzten Illusionen über seine Fähigkeit, das Land zu »regenerieren«, beraubt, hielt sich Pierre Laval dennoch weiter an der Macht. Allerdings fiel ihm, schneller als er dies erwartet hatte, die Rolle des »Konkursverwalters« zu (Kupferman, 1988). Die Kollaboration, die Frankreich fest vor den Karren eines Deutschlands spannte, das sich auf einer abschüssigen Bahn befand, wurde von nun an von der Öffentlichkeit einmütig abgelehnt.

Die Regierungen des *État français*
(April 1942 – August 1944)

	18. 4. 1942 – 25. 3. 1943	25. 3. 1943 – 31. 12. 1943	1. 1. 1944 – 20. 8. 1944
Regierungschef	Laval	Laval	Laval
Polizei*	Bousquet	Bousquet	Darnand**
Außenministerium	Laval	Laval	Laval
Finanzen	Cathala	Cathala	Cathala
Justiz	Barthélemy	Gabolde	Gabolde
Information und Propaganda	Marion	Marion	Henriot

* Generalsekretär
** Generalsekretär für die Aufrechterhaltung der Ordnung

Um sie dennoch durchzusetzen, hatte Laval in zwei Etappen sein eigenes Regierungssystem geschaffen. Unmittelbar nach seiner Rückkehr an die Macht im April 1942 hatte ihm Pétain mit einem Verfassungsakt (*acte constitutionnel*) die Aufgabe übertragen, »die Politik des Landes zu definieren und zu leiten«. Nach den Ereignissen vom November erhielt er Vollmacht, allein Gesetze und Dekrete zu verabschieden, eine Machtbefugnis, die bis dahin ausschließlich dem Staatschef zugestanden hatte. Diesem blieb als einzige Prärogative die Wahrnehmung jener verfassungsmäßigen Rechte, die die Nationalversammlung am 10. Juli 1940 ihm persönlich übertragen hatte. Laval besaß also nun juristisch betrachtet jene unbeschränkten Vollmachten, die er seit seiner Rückkehr immer für sich verlangt hatte, Vollmachten, von denen Pierre Limagne zu jener Zeit sagte, daß sie diesen Namen nicht verdienten, da Laval »in Ermangelung einer Kontrolle durch Pétain sich nun der Kontrolle Hitlers zu unterwerfen hatte«.

Kollaboration bis zum bitteren Ende

Weil er während seiner Abwesenheit von der politischen Bühne mit der Pariser Kollaboration in Verbindung gestanden hatte, wußte der Regierungschef, daß er der Hoffnungsträger der kollaborationistischen Gruppen und Splittergruppen war. In den ersten Monaten seiner Rückkehr an die Macht wurde er von der Presse in der besetzten Zone stark unterstützt. Sie sah in ihm den Mann der Stunde, denn er schien am ehesten in der Lage, Frankreich fest in der einzigen revolutionären Ordnung zu verankern, die in ihren Augen diesen Namen wirklich verdiente: in derjenigen, die auf der anderen Seite des Rheins herrschte. Alle diejenigen, die der Regierung in Vichy vorwarfen, in erster Linie an schimmernden Orden interessiert zu sein und im übrigen ihren Daseinszweck im Führen von Papierkriegen zu sehen, hielten die Stunde der Verwirklichung ihrer Träume für gekommen. Durch die Rückkehr Lavals schien es endlich möglich, den anfänglichen Ehrgeiz der Nationalen Revolution – nicht nur deren schüchterne Umsetzungsversuche nach Art von Vichy – mit einem stärkeren »sozialen« Ansatz zu kombinieren, der in den ersten Reden des neuen Regierungschefs anzuklingen schien.

Laval, der von seinen Fähigkeiten der politischen Verhandlungsführung allzusehr überzeugt war, glaubte sich in der Lage, ein Spiel beherrschen zu können, das sich bald als gefährlich herausstellen sollte. Zwar konnte er sich in Vichy an der Macht halten, indem er damit drohte, daß sich in Paris eine kollaborationistische Gegenmacht bilden konnte. Doch diese Waffe war ein zweischneidiges Schwert. Denn er mußte nun seine Treue unter Beweis stellen, also einen immer härteren Kurs einschlagen, um zu verhindern, daß die Deutschen in Versuchung gerieten, ihn durch eine Regierung zu ersetzen, die ihnen völlig zu Willen war. In diesem Sinne entwickelten sich zum Beispiel die Dinge im Bereich der politischen Repression, wo die Zügel fest in den Händen von Bousquet lagen. Zwei Maßnahmen, die Anfang des Jahres 1943 beschlossen wurden, sollten sich in dieser Hinsicht – und das bis zum Ende des Regimes – als entscheidende Zäsuren herausstellen: die Einführung des Zwangsarbeitsdienstes und die Gründung der Miliz.

Der Zwangsarbeitsdienst

Am 16. Februar 1943 unterzeichnete Laval ein Gesetz, das die zwischen 1920 und 1922 geborenen Männer für zwei Jahre zum Arbeitsdienst verpflichtete, um, so der Wortlaut einer offiziellen Verlautbarung, »die Verpflichtungen gerecht auf alle Franzosen zu verteilen, die aus den Bedürfnissen der französischen Wirtschaft entstanden sind«, die in Wirklichkeit aber die der deutschen Wirtschaft waren. Der Zwangsarbeitsdienst (*Service du travail obligatoire*, STO) war geboren. Die Gründung eines Generalkommissariats und eines Obersten Rates des STO folgten. Abel Bonnard, dem das letztgenannte Gremium unterstand, feierte dort die Begegnungsmöglichkeiten zwischen der Jugend beider Länder, die sich daraus ergeben würden.

Er war der einzige, der derartige Schlußfolgerungen zog. Die Position des Episkopats, das darauf hinwies, daß die Abreise nach Deutschland keine Gewissenspflicht sei, ver-

Französisches Propagandaplakat für den Zwangseinsatz französischer Arbeiter in Deutschland (*Service du travail obligatoire*) aus dem Jahr 1943: »Die schlechten Zeiten sind vorbei! Papa verdient Geld in Deutschland!«

deutlicht die distanzierte Haltung der Kirche gegenüber den Machthabern. Sie zeigt auch, wie tief der Bruch zwischen der französischen Gesellschaft und der Regierung ging. Ein Bruch, der sich nicht nur in offener Opposition ausdrückte – die Verweigerer des STO flüchteten in Scharen und schlossen sich meist unorganisiert einer Untergrundbewegung an (Bourdet, 1975) –, sondern auch, und das war vielleicht für das Regime noch schwerer zu verkraften, in der Form eines allgemeinen passiven Widerstandes (Semelin, 1989). Er reichte nicht bis in die Verwaltung, die sich erst im Sommer 1943 widersetzte, wie wiederholte Erlasse belegen, die den Beamten schwere Strafen androhten, wenn sie versuchen sollten, junge Menschen bei dem Versuch zu unterstützen, sich den Verpflichtungen des STO zu entziehen.

Die Präfekten wurden mit der Jagd auf die Verweigerer beauftragt; ein Rundschreiben befahl ihnen, dafür zu sorgen, daß »die Anzahl der Formalitäten im täglichen Leben, die sowohl den Besitz eines Personalausweises als auch die Vorlage eines Arbeitsausweises verlangen, so groß wie möglich sei«. Die ebenfalls hinzugezogene Polizei und Gendarmerie zeigte nur wenig Eifer, was den Deutschen wiederum Anlaß gab, sich immer mehr für das Funktionieren des französischen Repressionsapparates zu interessieren. Während sie zum einen die traditionellen Kräfte für die Aufrechterhaltung der Ordnung besser zu kontrollieren versuchten, setzten sie zum anderen auf die Hilfe der Miliz.

Die Miliz

Die Gesetze, durch die sie am 30. Januar 1943 geschaffen wurde, legten die Aufgabe der aus dem von Joseph Darnand geführten Ordnungsdienst der *Légion* (*Service d'ordre légionnaire*, SOL) hervorgegangenen Miliz eindeutig fest.

Darnand war der Generalsekretär der neuen Gruppierung, die als gemeinnützig anerkannt war und unter der Leitung von Laval stand. Als Vereinigung, in der sich »Franzosen [zusammenfanden], die entschlossen waren, einen aktiven Part in der politischen, sozialen, wirtschaftlichen, intellektuellen und moralischen Erneuerung Frankreichs zu spielen«, war es ihre Aufgabe, »am öffentlichen Leben des Landes teilzunehmen und es politisch mitzuformen durch ein festes Eintreten für die Sache und die Idee«. Die einundzwanzig Punkte ihres Programms (»Gegen das alte Regime, für die neue Ordnung«) umschrieben den ideologischen Rahmen, innerhalb dessen die Miliz agieren wollte.

Die einundzwanzig Punkte der Miliz

Gegen den Egoismus der Bourgeoisie	Für die menschliche Solidarität
Gegen die Apathie	Für die Begeisterung
Gegen den Skeptizismus	Für den Glauben
Gegen die Routine	Für die Initiative
Gegen die Einflußnahme	Für den Verdienst
Gegen den Individualismus	Für den Gemeinschaftsgeist
Gegen die Anciennität	Für die Bewährung
Gegen die Anarchie	Für die Disziplin
Gegen den Egalitarismus	Für die Hierarchie
Gegen die eingebildete Freiheit	Für die wahre Freiheit
Gegen die Demagogie	Für die Wahrheit
Gegen die Demokratie	Für die Autorität
Gegen den Trust	Für das Handwerk
Gegen den internationalen Kapitalismus	Für den französischen Korporatismus
Gegen die Knechtschaft des Geldes	Für den Vorrang der Arbeit

Gegen die proletarischen Zustände	Für die soziale Gerechtigkeit
Gegen die gaullistische Abspaltung	Für die französische Einheit
Gegen den Bolschewismus	Für den Nationalismus
Gegen den jüdischen Aussatz	Für die französische Reinheit
Gegen das heidnische Freimaurertum	Für die christliche Zivilisation
Gegen das Vergeben der Verbrechen	Für die Bestrafung der Schuldigen

Laurent Gervereau / Denis Peschanski (Hrsg.): La Propagande sous Vichy 1940–1944. Paris 1990. S. 66.

Innerhalb weniger Monate wurde die Miliz zu einem wichtigen Element des Repressionsapparates, wie es der Wortlaut einer Erklärung verdeutlicht, die Marschall Pétain an ihre Mitglieder richtete: »Die Miliz, die hauptsächlich aus jungen und dynamischen Männern besteht, muß vor allem mit Prestigeaufgaben bedacht werden, insbesondere solchen, die die Aufrechterhaltung der Ordnung, die Bewachung der sensiblen Punkte des Staatsgebietes und den Kampf gegen den Kommunismus betreffen« (Delperrié de Bayac, 1994). Es lag der Miliz besonders am Herzen, diese Aufgaben auf das sorgfältigste zu erfüllen: Als regelrechte Hilfstruppe der deutschen Polizei machte sie den Kampf gegen die Résistance, dieses »Antifrankreich«, das sie zu vernichten geschworen hatte, zu ihrer vordringlichsten Aufgabe.

Der Aufstieg der *Résistance*

Die Überzeugung, daß Deutschland den Krieg nicht gewinnen konnte, wurde begleitet und genährt von der Verstärkung und Strukturierung der Widerstandsbewegungen, die 1943 das wenige, was Vichy an Legitimität geblieben war, weiter in Frage stellten. General de Gaulle, dank der Bemühungen seines Stellvertreters in Frankreich, Jean Moulin, als Dreh- und Angelpunkt des französischen Widerstandes anerkannt, setzte sich im Herbst 1943 nach einem langen Machtkampf mit den Amerikanern und seinem Wechsel von London in das befreite Französisch-Nordafrika auch in Algier durch.

Der unumgängliche de Gaulle

Die Landung in Nordafrika hatte nicht nur erhebliche militärische Konsequenzen, sondern war auch Auslöser für verwirrende politische Manöver. Entgegen ihrer Erwartung trafen nämlich die Amerikaner in Algier nicht auf General Giraud[8]. Dessen spektakulärer Ausbruch im vorangegange-

8 Im Unterschied zu Churchill war der amerikanische Präsident Roosevelt zunächst nicht bereit, de Gaulle als politischen Gegenspieler Pétains anzuerkennen. Bei der Suche nach einem geeigneten politischen Führer für die Zeit nach der Befreiung Frankreichs fiel die Wahl zunächst auf den Fünf-Sterne-General Giraud, dem am 17. April 1942 eine spektakuläre Flucht aus deutscher Kriegsgefangenschaft gelungen war. Giraud stand Pétain nahe, galt aber nicht als Befürworter der Kollaboration mit Deutschland. Da er aber erst einige Tage nach der Landung der Alliierten in Französisch-Nordafrika eintraf, entschlossen sich die Amerikaner zur Zusammenarbeit mit dem ehemaligen Regierungschef, Admiral Darlan, der sich zu jenem Zeitpunkt bei seinem erkrankten Sohn in Algier aufhielt. Erst nachdem Darlan am 24. Dezember 1942 einem Attentat zum Opfer fiel, wurde General Giraud zwei Tage später zum zivilen und militärischen Hochkommissar in Nordafrika ernannt. Gestützt auf den *Conseil national de résistance* gelang es

nen April aus der deutschen Festung Königstein, in der er seit dem Waffenstillstand gefangen gehalten worden war, hatte ihn insbesondere bei den Pétainisten, die sich wegen der allzu kollaborationistischen Tendenzen innerhalb des Regimes Sorgen machten, sehr populär gemacht. Die Amerikaner trafen statt dessen auf Admiral Darlan, der sich dort aus familiären Gründen aufhielt. Komplizierte Manöver, die später zur Fiktion eines pétainistischen »doppelten Spiels« beitrugen, veranlaßten Darlan, von dem sich Pétain umgehend lossagte, sich auf die Seite der Amerikaner zu schlagen. Die Vereinigten Staaten gaben sich mit diesem *Darlan deal* zufrieden. Sie stellten ihn als eine »vorübergehende Notlösung« dar, die ihnen den Anschluß der französischen Armee, wenn auch um den Preis des Fortbestehens der Einrichtungen und »Reformen« von Vichy, die antisemitischen eingeschlossen, in Nordafrika bringen sollte.

Aber dann wurde Darlan am 24. Dezember 1942 von einem jungen Gaullisten, Fernand Bonnier de la Chapelle – der sogleich zum Tode verurteilt und hingerichtet wurde – erschossen, und so schlug nun doch die Stunde von General Giraud, der ebenso überzeugt von seinem protokollarischen Rang wie in der Politik unerfahren war. Auch er hielt an den Gesetzen Vichys fest und stützte sich weiter auf Vertreter der Nationalen Revolution, wie den ehemaligen Innenminister Peyrouton, der zum Generalgouverneur von Algerien ernannt wurde, oder auf den äußerst reaktionären Jean Marie Bergeret, den ehemaligen Minister der Regierung Darlan für die Luftwaffe. Erst im Frühling 1943, unter dem Einfluß seines Ratgebers Jean Monnet, brach Giraud öffentlich mit Vichy.

de Gaulle jedoch bis zum Sommer 1943, Giraud aus der Führung der Freien Franzosen zu verdrängen. Nach de Gaulles Eintreffen in Algier und der Proklamation des *Comité français de libération nationale* am 3. Juni reiste Giraud am 1. Juli 1944 nach Amerika ab.

Die beiden ersten Co-Präsidenten des *Comité français de libération nationale*, die Generäle Charles de Gaulle und Henri Giraud, bei der Feier des 25. Jahrestages des Waffenstillstandes 1918 in Algier, 11. November 1943

Dieser Schritt reichte jedoch nicht aus, um das Vordringen der Gaullisten aufzuhalten, die sich insbesondere auf den innerfranzösischen Widerstand stützten. De Gaulle akzeptierte zunächst, auf britische Vermittlung, einen Kompromiß, der es ihm erlaubte, sich Ende Mai 1943 in Algier festzusetzen und dort am 3. Juni das *Comité français de libération nationale* (CFLN; »Französisches Komitee der nationalen Befreiung«) zu gründen. Zusammen mit Giraud übernahm er dessen Präsidentschaft, doch gelang es ihm innerhalb weniger Monate, den schneidigen Armeegeneral von jeglichem Einfluß auszuschließen. Giraud hatte nicht begriffen, daß politische Qualitäten von größerem Nutzen waren als militärische Bravour, wenn man eine glaubhafte Alternative zu einem nicht mehr legitimierten *État français* sein wollte. Am 2. Oktober 1943 wurde de Gaulle der alleinige Präsident des CFLN, das von den Alliierten bereits im Juli als Vertretung der französischen Interessen anerkannt worden war.

1943: Der eigentliche Aufstieg

Bei seinem Kampf gegen den *Darlan deal* und dann gegen Giraud, hatte de Gaulle erheblich von der Unterstützung des innerfranzösischen Widerstandes profitiert. Parallel zur Entwicklung der Ereignisse in Nordafrika waren die Widerstandsbewegungen im Mutterland zusammengeschlossen worden. Dies geschah, nicht ohne Schwierigkeiten, durch Jean Moulin, Vertreter des Freien Frankreich, »der seit 1943 Fähigkeiten, Macht und Legitimität in sich vereinte« (Veillon/Wieviorka, 1993).

Die Vereinigung der Bewegungen. Ein erster Schritt in Richtung Vereinigung war im Januar 1943 die Fusion der drei großen Widerstandsgruppen in der südlichen Zone, *Combat* (»Kampf«), *Libération* (»Befreiung«) und *Franc-Tireur* (»Freischärler«). Sie wurden von Henri Frenay, Emmanuel d'Astier bzw. Jean-Pierre Lévy geführt und hatten im Laufe des ersten Drittels des Jahres 1942 die Autorität des von de Gaulle geleiteten *France libre* (»Freies Frankreich«) anerkannt. Zusammen bildeten sie die *Mouvements unis de Résistance* (MUR; »Vereinigte Bewegungen des Widerstandes«), an deren Spitze ein Koordinationskomitee unter der Führung von Jean Moulin stand.

Dem Wunsch General de Gaulles entsprechend, wenn auch nicht ohne Widerspruch von seiten der Widerstandsbewegungen, wurden ihre militärischen Abteilungen, die vom politischen Bereich und von der Spionage getrennt waren, in einer Geheimarmee zusammengefaßt, die General Delestraint unterstellt wurde. Es entstanden gemeinsame Dienststellen wie das *Bureau d'information et de propagande* (»Büro für Information und Propaganda«), geleitet von Georges Bidault, das *Comité général d'études* (CGE; »Generalkomitee für Planungsstudien«), der Rat der »Weisen«, die über das Frankreich der Zeit nach der Befreiung nachdenken sollten, oder auch der *Noyautage des administrations publiques* (NAP; »Unterwanderung der öffentlichen Verwaltung«), ein Büro zum Aufbau eines de Gaulle-treuen Kerns in der öffentlichen Verwaltung. Seine Aufgabe war es, in der Verwaltung Funktionäre zu finden, die bereit waren, Informationen weiterzugeben und ihren Einfluß zu gebrauchen, um Repressionsmaßnahmen gegen den Widerstand zu vereiteln.

Nach der Vorstellung des Freien Frankreich war dies nur ein erster Schritt, die Vereinigung sollte die Aufteilung des Staatsgebietes in Zonen überwinden. Tatsächlich schien die besetzte Zone die zukünftige Bühne militärischer Operationen zu sein. Da sie gegen die Deutschen kämpfen mußten, waren deren Bewegungen – insbesondere die *Organisation civile et militaire* (OCM; »Zivile und militärische Organisation«), aber auch *Ceux de la Résistance* (CDLR; »Diejenigen des Widerstandes«) und *Ceux de la Libération* (CDLL; »Diejenigen der Befreiung«) – mehr als jene in der südlichen Zone darin geübt, Sabotageakte und militärische Handstreiche durchzuführen. In Konkurrenz zur Widerstandsbewegung *Front national* (»Nationale Front«), die von der kommunistischen Partei kontrolliert wurde, mischten sie sich 1943 in das politische Geschehen ein, wie dies bereits die Gruppe *Libération-Nord* (»Befreiung-Nord«) um den Sozialisten Christian Pineau und die um das Widerstandsblatt *Défense de la France* (›Verteidigung Frankreichs‹) von Philippe Viannay taten. Man bekommt eine Ahnung von der Komplexität und der Diffusität des Widerstandes, in den Jean Moulin nach seiner spektakulären Rückkehr per Fallschirm nach Frankreich am 1. Januar 1942 unter Aufbietung aller Kräfte Ordnung zu bringen suchte, bis er am 21. Juni 1943 von der Gestapo verhaftet wurde.

Mit der Gründung des *Conseil national de la Résistance* (CNR; »Nationalrat des Widerstandes«) gelang es Moulin, ein für alle Widerstandsbewegungen des Landes gemeinsames Konsultativgremium zu schaffen, das zum ersten Mal am 27. Mai 1943 in Paris zusammentrat. Die Vertreter der einzelnen Bewegungen – *Front national* inbegriffen – trafen dort mit den Vertretern der politischen Parteien zusammen, deren Anwesenheit de Gaulle für unabdingbar hielt, da er immer darum bemüht war, den alliierten Mächten gegenüber als Vertreter der Gesamtheit des legitimen französischen Widerstandes aufzutreten. Dieses Konzept entsprach den Erwartungen eines Mannes wie des Führers der Sozialisten, Léon Blum, doch verursachte es heftige Auseinandersetzungen innerhalb der Widerstandsgruppen, die sich als alleinige Träger des Widerstandsgeistes sahen.

Das Ende

Ein Regime, das von Tag zu Tag lebt

1943 hatte sich Vichy in einer Mischung aus Unbeweglichkeit, Mattigkeit und Radikalisierung gleichsam selbst überlebt. Niemand glaubte mehr an den Sieg des Reiches, was das irrationale Moment des Vichy-Regimes noch steigerte, doch ließ der Druck der deutschen Forderungen nicht nach.

Vichy im ersten Halbjahr 1943 aus der Sicht des Widerstandes

Der Winter ist mild und die Stadt ist verlassen. Letztes Jahr quollen die Hotels vor Besuchern, Mitgliedern des diplomatischen Korps sowie ausländischen und französischen Journalisten über. Seit der Ankunft der Gestapo, die die Gebäude, die Parks, die Restaurants und die Büros dieser verrückten Stadt heimgesucht hat, sind die Leute geflohen. [...] Die wenigen Ministerautos rasen aus Angst vor Vergeltungsschlägen mit atemberaubender Geschwindigkeit vorbei. Die Herren der Regierung finden nur sehr schwer Chauffeure. [...] Der Wind der deutschen Niederlage bläst und trägt jeden Tag eine gewisse Anzahl von Beamten, Offizieren, Industriellen und Kollaborateuren der ersten Stunde mit sich davon. Sie denken jetzt nur daran, sich zu verkriechen, zu Tode erschrocken angesichts des Schicksals, das die Revolution ihnen bereithält: nicht die vom Alten [Pétain] und seinem Bougnat[9] [Laval] verkündete Nationale Revolution, sondern die Revolution, die die Patrioten des Landes im Geheimen vorbereiten. Diese Revolution beunruhigt die gesamte Regierung. Sie spürt deren unaufhaltsamen Vormarsch. Sie weiß, daß neue zahlreiche Verhaftungen nicht ausreichen, um sie aufzuhalten. Die Minister wandern vom Pavillon Sévigné zum Hôtel du Parc, als gingen sie ins Schlachthaus. Andere begehen einfach Verrat. [...] Zwar ziehen die Intelligentesten der Halunken der Vichy-Regierung, die unter der Fuchtel des Besatzers steht, vor de Gaulle wegen der Gradlinigkeit seiner Haltung freiwillig den Hut, doch verurteilen sie statt dessen ihre ehemaligen Mitarbeiter, die aus persönlichem Ehrgeiz nach Nordafrika oder weiter weg gegangen sind, um ihr Glück zu machen.

»Vichy, février 1943«. (Archives nationales, 3 AG2 325.)

Die Vichy-Regierung wird durch keines der für die Souveränität wesentlichen Attribute charakterisiert, heute weniger denn je. Sie hat keinerlei Möglichkeit, unabhängig zu handeln, und sie übt keine Weisungsbefugnis gegenüber keiner öffentlichen Einrichtung mehr aus. Sie ist Herr keiner einzigen nationalen Verwaltung. [...] Die Autorität Pétains und seines Regimes hat in diesem Land stetig abgenommen, um schließlich bis auf Null zu sinken. Alle Berichte der Präfekten sind sich in diesem Punkt einig: Die Gesetze von Vichy wurden niemals so entschieden abgelehnt, wie es heute der Fall ist.

»Le régime Pétain devant l'opinion française«. Juli 1943. (Archives nationales, 2 AG 29.)

---

9 Verballhornung von *charbonnier* (= Kohlenhändler), im Dialekt der Auvergne *charbougnat*, kurz *bougnat*. Die Bistrobesitzer aus der Auvergne fungierten im Paris der Jahrhundertwende häufig auch als Kohlenhändler. Spöttische Anspielung auf die Herkunft Lavals, der als Sohn eines Bistrobesitzers aus der Auvergne in Paris zum Anwalt aufstieg.

Die Rollen zwischen dem Staatschef und seinem Regierungschef waren klar verteilt: Pétain, der in den Augen Hitlers »eine Art Gespenst geworden war, das Laval von Zeit zu Zeit etwas aufblasen mußte« (zit. nach: Jäckel, 1966), hatte nur die eine Aufgabe, nämlich zu symbolisieren, was von der nationalen Souveränität noch übriggeblieben war – eine Aufgabe, die in den Augen einer orientierungslosen Öffentlichkeit wichtig blieb, wie die Begeisterung bewies, mit der ihn die Pariser noch am 26. April 1944 empfingen. Aber die Reden des Marschalls wurden immer seltener, seine Anhänger waren desillusioniert und die Idee, die Nation wieder aufzurichten, völlig wirklichkeitsfremd. Laval klammerte sich an die Macht und trieb dabei die Logik der Kollaboration bis auf die äußerste Spitze. Diese Entwicklung erreichte im Januar 1944 mit dem Eindringen der Miliz in die beiden sensibelsten Bereiche des Staates, die Propaganda und die innere Sicherheit, ihren Höhepunkt.

Die allerletzte Krise. Der letzte Akt des Regimes begann im November 1943. In der Hoffnung, das Manöver vom 13. Dezember 1940 nach drei Jahren noch einmal wiederholen zu können, unterzeichnete Marschall Pétain am 11. November einen Verfassungsakt, der das Parlament wiederauferstehen ließ: Er übertrug ihm die Verantwortung, die neue Verfassung auszuarbeiten und im gegebenen Moment seinen Nachfolger als Staatschef zu bestimmen. Aber das politische und militärische Umfeld hatte sich zu radikal geändert, als daß dieser Versuch, um des eigenen Überlebens willen zwischen Gaullismus und Kollaboration noch einen dritten Weg zu finden, irgendeine Bedeutung hätte haben können.

Auf jeden Fall ließen die Deutschen dem Marschall keinerlei Chance. Sie verhinderten die Ausstrahlung der Erklärung Pétains über das Radio, der sich, nachdem er einige Wochen lang protestiert hatte, schließlich fügte. Darüber hinaus akzeptierte er die ständige Präsenz eines deutschen Diplomaten, Cecil von Renthe-Fink, der all sein Tun überwachen sollte. Anstatt den Pétainisten wieder die Oberhand über Laval zu geben, hatte die Episode nur dazu geführt, das Eindringen der Miliz in den Staat zu erleichtern und so eine letzte Radikalisierung des Regimes auszulösen.

Das schreckliche Jahr: 1944

Der Mißerfolg dieses konstitutionellen »Staatsstreichs« beschleunigte den Prozeß der Vasallisierung, der durch den Kriegsverlauf unvermeidlich geworden war. Zu Beginn des Jahres 1944 forderten die Deutschen die Entlassung der engsten Mitarbeiter des Staatschefs. Ehemalige Minister und hohe Würdenträger des Regimes wurden verhaftet, darunter Bouthillier, andere mußten fliehen: so Jean de Jardel, Generalsekretär des Staatschefs, der dem Regime seit September 1941 treu gedient hatte, oder General de La Porte du Theil, der als unerwünscht galt, weil er sich dagegen gewehrt hatte, daß seine *Chantiers de la jeunesse* (»Jugendarbeitslager«) ihrer ursprünglichen Aufgabe entfremdet worden waren und man sie in erster Linie als Reservoir für die Requirierung von Arbeitskräften benutzte. Diese verspäteten patriotischen Aufwallungen waren für ihre Urheber nicht ohne Vorteile: Als nach der Befreiung Rechenschaft verlangt wurde, wußte mancher ehemalige Minister von Vichy seine Verstrickung in die Nationale Revolution vergessen zu machen, indem er seinen »Widerstand« vom Anfang des Jahres 1944 hervorhob.

Das Strafgericht traf auch die Präfekturen, die der Besatzer verdächtigte, ein doppeltes Spiel zu treiben. Mehr als zehn Präfekten und Unterpräfekten mußten ihre Posten verlassen, darunter einige der ältesten Diener von Vichy.

Diese Operation wurde Mitte Mai wiederholt und endete diesmal mit der Verhaftung von vierzig Angehörigen der Verwaltungselite. Alles zusammen zahlten die Angestellten der Präfekturen einen hohen Preis, denn siebzig ihrer Mitglieder wurden nach Deutschland deportiert; von ihnen kehrte die Hälfte nicht mehr zurück. Sie müssen zu den wenigen hinzugezählt werden (an erster Stelle Jean Moulin [Cordier, 1989–93], aber auch Fred Scamaroni und Valentin Abeille), die sich schon früher im Widerstand engagiert und darin ihr Leben gelassen hatten.

Die Faschisierung: Die Rolle der Miliz im Staat. Im Januar 1944 setzten die Deutschen auch den Eintritt von Darnand, Henriot und ein wenig später von Déat in die höchste Regierungsebene durch. Auf diese Weise wollten sie die Errichtung des Milizstaates erleichtern, der in ihren Augen allein in der Lage war, die Logik der Kollaboration, insbesondere auf polizeilicher Ebene, bis zum Äußersten voranzutreiben.

Auch wenn Philippe Henriot, der zum Minister für Information und Propaganda ernannt worden war, durch seine über Radio verbreiteten Reden eine wichtige Rolle bei der Mobilisierung all derjenigen spielte, die von der Angst vor dem Kommunismus getrieben wurden (Ory, 1976), so hatten die Deutschen die Ernennung von Milizionären auf Schlüsselposten doch vor allem gefordert, damit sie den Polizeiapparat besser unter ihre Kontrolle bringen konnten. Diese Aufgabe wurde Joseph Darnand übertragen: Gleichzeitig Generalsekretär der Miliz, leitete er im Rang eines Generalsekretärs für die Aufrechterhaltung der Ordnung den gesamten Repressionsapparat, der von René Bousquet in den letzten Wochen seiner Amtszeit auch auf die Verwaltung der Gefängnisse ausgeweitet worden war. Darnand plazierte seine Männer an strategisch wichtigen Stellen: so wurden Milizionäre zu Polizeidirektoren ernannt, andere zu Gefängnisdirektoren oder hohen Beamten im Geheimdienst.

Es gab sogar Milizionäre unter den Präfekten, die sich besonders darin hervortaten, den Standgerichten (*cours martiales*) Arbeit zu verschaffen. Dies waren außerordentliche Gerichte, die durch ein Gesetz vom 20. Januar 1944 geschaffen worden waren; von ihnen sollten die Urheber von »Mordanschlägen und Attentaten oder versuchten Mordanschlägen und Attentaten, die mit Waffen oder Explosivstoffen begangen wurden, um terroristische Aktivitäten zu unterstützen«, abgeurteilt werden. Bestehend aus drei Mitgliedern, die vom Generalsekretär für die Aufrechterhaltung der Ordnung ernannt worden waren, urteilten sie in einem Schnellverfahren, das die Rechte der Verteidigung auf ein Nichts reduzierte, denn die Angeklagten hatten kein Recht, sich von einem Anwalt vertreten zu lassen. Gegen die Urteile durfte kein Einspruch eingelegt werden, und sie wurden umgehend vollstreckt: Das Gesetz bestimmte nämlich, daß, »wenn die Schuld klar erwiesen ist, die Verurteilten sofort zu exekutieren« waren.

Diese Übernahme der Einrichtungen zur Aufrechterhaltung der öffentlichen Ordnung durch die Milizionäre mußte zwangsläufig zur heftigen Ablehnung durch den Polizeiapparat führen. Er befand sich in ständigem Konflikt mit der Miliz (»Die Polizei wartet auf die erste Gelegenheit, die Miliz zu vernichten«, schrieb bereits im September 1943 ein Informant des Freien Frankreich). Bei den Ordnungskräften, die immer häufiger gegen die Untergrundbewegungen eingesetzt wurden, war das Unbehagen besonders weit verbreitet. Die Vorsicht gebot es, ein direktes Aufeinandertreffen zu vermeiden, um so mehr, als die Résistance hatte verlauten lassen, daß die von Vichy verteilten Auszeichnungen für verdiente Polizisten – oder deren Witwen – im befreiten Frankreich als Zeichen der Schande angesehen würden. Was für die Polizei oder die Gendarmerie zutraf, galt auch für Bereiche, die von Natur aus weniger exponiert waren. 1944 regierte das Regime praktisch in keinem Bereich mehr.

Auf dem Weg zum Bürgerkrieg

Es war dieser sich auflösende Staat, der dem besetzten Frankreich seine dunkelsten Stunden bescherte, weil Miliz und Deutsche, die sich in größter Bedrängnis befanden, mit äußerster Grausamkeit gegen die Résistance vorgingen. Der *Maquis*, der in einigen Regionen (in Hochsavoyen, dem Südwesten, im Zentralmassiv und im Limousin, wo eine Zeitung vom Regime zensiert wurde, weil sie eine Verlautbarung der Résistance veröffentlicht hatte, die mit »der Präfekt des Maquis« unterzeichnet war) sehr stark geworden war, wurde hart von diesen Operationen getroffen, für deren Erfolg die deutschen Truppen, die Miliz und der *État français* ihre Kräfte vereint hatten. Die Gegenden von Les Glières im Haute-Savoie (Ende März), Mont-Mouchet in der Auvergne (Mitte Juni) und, noch bekannter, der Vercors (vom 21. bis 23. Juli) wurden so zu Schauplätzen von regelrechten militärischen Operationen, denen schlimme Repressionen folgten.

Die Schlußphase. In dieser letzten Phase veränderte sich die militärische Situation mit der Landung in der Normandie, die am 6. Juni begann, in entscheidender Weise. Die Franzosen, die nicht die Radiosendungen der Londoner BBC hörten – aber davon gab es nur wenige –, wurden über dieses Ereignis durch eine Erklärung von Marschall Pétain informiert, die er auf Veranlassung der Deutschen verfaßt und bereits drei Monate zuvor aufgezeichnet hatte. Es war ein Aufruf, Ruhe zu bewahren, denn die Franzosen wurden darin dazu aufgefordert, »das Leben der Nation aufrechtzuerhalten, indem sie auf ihrem Posten blieben«, und mehr als jemals zuvor den Anordnungen der Regierung Folge zu leisten. Laval ging noch weiter, indem er auf die »Aufrufe zur Revolte [anspielte], die von Feinden des Vaterlandes« lanciert worden seien, von Vertretern eines »fremden Krieges«, dem die Franzosen nicht noch »den Horror des Bürgerkrieges« hinzufügen sollten.

Die etwa drei Monate, die von der Landung bis zur Befreiung von Paris vergingen, nahmen dennoch Formen eines Bürgerkrieges an. Die Miliz, deren kasernierte Kräfte, die *Franc-Garde*, von Darnand am 13. Juni 1944 mobilisiert worden waren, verübte am 20. Juni ein Attentat auf den ehemaligen Minister für nationale Erziehung in der Volksfront, Jean Zay, und ermordete am 7. Juli, als Vergeltung für die Exekution Philippe Henriots durch die Résistance einige Tage zuvor, den ehemaligen Volksfrontminister Georges Mandel.

Auch die Zivilbevölkerung wurde nicht verschont, wofür der Name des Märtyrerdorfes Oradour-sur-Glane steht. Dort wurden am 10. Juni von Männern der SS-Division »Das Reich« in einer Scheune und in der Kirche des Dorfes 642 Männer, Frauen und Kinder erschossen oder bei lebendigem Leibe verbrannt. Die Deutschen übertrafen damit an Bestialität ihre vorhergegangenen Mordtaten in der Dordogne (Ende März 1944), in Ascq (2. April) oder auch in Tulle, wo sie 99 Einwohner an den Balkonen der Gebäude aufhängten, nachdem sie die Stadt am 8. Juni von den Truppen der Widerstandsbewegung *Francs-Tireurs et Partisans* (FTP; »Freischärler und Partisanen«) zurückerobert hatten, die sie erst am Tag zuvor eingenommen hatten.

Diese Gewalt machte die Idee eines friedlichen Übergangs von Vichy zu einer Regierung unter General de Gaulle in einem befreiten Frankreich zu einer Illusion. Einige Pétainisten, aber auch Laval selbst, haben sich dennoch daran versucht. Kategorisch abgelehnt von de Gaulle und von allen Mitgliedern des Widerstandes, für die es völlig außer Frage stand, eine wie auch immer geartete politische Erbschaft von Vichy anzutreten, hatten diese Versuche der letzten Stunde keine Aussicht auf Erfolg, auch wenn sie im Grunde geeignet waren, jenen kleinen Zweig der gemäßigten Opposition zufriedenzustellen, der Angst vor der Machtübernahme der Kommunisten nach der Befreiung hatte. Ihre Mitglieder glaubten, erste Anzeichen dafür bereits erkannt zu haben: in der provisorischen Machtübernahme des kommunistischen *Front national* im befreiten Korsika im September 1943 sowie in dem Todesurteil und der Hinrichtung des ehemaligen Innenministers Pucheu in Algier im März 1944.

Entstanden nach dem Sieg der deutschen Truppen mit dem Versprechen der Erneuerung Frankreichs, endete das Vichy-Regime mit der Niederlage der Deutschen, einhellig abgelehnt vom eigenen Land. Im Morgengrauen des 20. August verließ Pétain seine provisorische Hauptstadt. Gegen seinen Willen wurde er von den Deutschen, die sich auf dem Rückzug befanden, mitgenommen. Die letzten Getreuen des deutschen Frankreich gründeten in Sigmaringen eine *Délégation gouvernementale française* (»Französische Regierungsdelegation«), die von Fernand de Brinon geführt wurde: Kollaborationisten und übriggebliebene Anhänger von Vichy haßten und bekämpften sich dort unablässig bis zum Frühling 1945 – ein ebenso symbolträchtiges wie lächerliches Ende (Rousso, 1984).

VII
Vichy und die Franzosen

Angesichts des erheblichen und rasch zunehmenden Vertrauensverlustes, den das Regime früh bei der Bevölkerung erlitt, sollte man das Leben der Franzosen während der Jahre zwischen 1940 und 1944 nicht mit dem wechselhaften Geschick der sie beherrschenden Machtelite gleichsetzen. Der Alltag wie auch das kulturelle Leben wurden durchweg von kriegs- und besatzungsbedingten Beschränkungen geprägt. Denn trotz aller Beteuerungen des Regimes, der Waffenstillstand habe Frankreich aus dem Konflikt herausgeführt, befand sich das Land weiterhin im Krieg. Vielmehr, wie die Analyse der Entwicklung der öffentlichen Meinung zeigt, beeinflußten die Politik des Regimes und die militärischen Ereignisse unmittelbar die Bandbreite der Haltungen, die man weder auf das Gegeneinander zweier widerstreitender Positionen – Kollaboration oder Widerstand – noch auf einen opportunistischen Attentismus reduzieren kann; in ihr muß unter dem Stichwort der »Anpassung« (*accommodation*) eine andere Verhaltensweise berücksichtigt und neu bewertet werden.

Das Leben der Franzosen von 1940 bis 1944

Der Krieg machte, weil er so lange dauerte, die Pläne Vichys zunichte: basierte doch die Entscheidung für den Waffenstillstand zu einem großen Teil auf dem Glauben an einen schnellen Sieg der Deutschen über England und die baldige Unterzeichnung eines Friedensvertrages. Das Regime wurde vom Krieg eingeholt und verfolgte nun eine Politik des Sich-Zurückziehens auf das französische Mutterland. Man leugnete die Ausweitung des Konfliktes zu einem Weltkrieg, um sich allein auf die Erneuerung der Nation konzentrieren zu können. Dieses aber war schon bald, nachdem der Schock der Niederlage abgeklungen war, nur noch ein Propagandaslogan für eine Bevölkerung, deren hauptsächliche, aber nicht alleinige Beschäftigung darin bestand, in einem Land und in einer Wirtschaft, die beide in ihren Grundfesten erschüttert waren, »zu leben und zu überleben« (Rousso, 1992; Veillon, 1995).

Am 1. März 1943 wurde die Demarkationslinie, die ihre Daseinsberechtigung mit der vollständigen Besetzung des Landes verloren hatte, abgeschafft, doch hatten sich die Franzosen inzwischen an die Verkehrs- und Kommunikationsschwierigkeiten gewöhnt, die sie mit sich brachte (Alary, 1996): Das Überschreiten der Linie, das im Falle von gesuchten Personen heimlich geschehen mußte und gefährlich war, verlangsamte für die anderen eine sowieso schon unbequeme Reise in überfüllten Zügen, die wegen der Energieknappheit obendrein nur selten fuhren. Dieser Mangel war auch im täglichen Leben spürbar, sei es bei Stromausfällen oder bei den Schwierigkeiten der Versorgung mit Heizmaterial. Aber, wie all jene betonen, die diese Zeit erlebt haben: Die Situation war vor allem in der Versorgung besonders kritisch.

Die Versorgungslage

Die Aufteilung in zwei getrennte Zonen, dazu die englische Blockade und die deutschen Entnahmen verursachten während der gesamten Dauer der Besatzungszeit eine Unterernährung der Bevölkerung, die einerseits durch die endlosen Schlangen vor den Geschäften symbolisiert wird, andererseits durch ... die Steckrübe. Die tatsächlichen Schwierigkeiten, die je nach Ort und Gegend unterschiedlich waren – auf dem Land lebte man besser als in der Stadt und in einer kleinen Stadt besser als in Paris (Veillon/Flonneau, 1996) –, wurden durch die Ineffizienz der für die Versorgung zuständigen Behörden eher noch verstärkt als gemildert.

Minister und Präfekten appellierten zwar ständig an den Gemeinsinn der Landbevölkerung, um ein »Zusammenschweißen« zu erreichen, aber die Bevölkerung registrierte vor allem den täglichen Bürokratismus der betroffenen Verwaltungen, die immer mehr Rundschreiben, Karten und Bezugsscheine ausgaben.

Während der Betrug bei der Versorgung auch die höchsten Sphären der Macht nicht aussparte – so mußte Jean Achard, Staatssekretär für Versorgung, im Juli 1941 zurücktreten, weil er in eine Schwarzmarktaffäre verwickelt war –, führte die Ausbreitung des Schwarzen Marktes zur Gründung einer für die Versorgung zuständigen Polizei, den sogenannten *Service du contrôle économique* (»Wirtschaftlicher Kontrolldienst«), der schon von der Sache her unbeliebt war. In mehreren Städten Südfrankreichs gab es sogar Demonstrationen von Hausfrauen, die gegen die Verknappung der Nahrungsmittel und die Senkung des Lebenshaltungsniveaus protestierten. Starke inflationistische Tendenzen traten auf, die nicht durch Lohnerhöhungen aufgefangen wurden, da die Besatzer diesen Ausweg wohlweislich versperrten; sie wollten die Abwanderung von französischen Arbeitskräften nach Deutschland attraktiv machen oder zumindest ihren Einsatz in Betrieben, die in ihrem Auftrag arbeiteten.

Die Lebensbedingungen der Franzosen

	Index des durchschnittlichen Lohnes in der Metallindustrie in der Pariser Region[a]	Theoretischer Index der Einzelhandelspreise in Paris[a]	Preis eines Kilos Butter in den Côtes-du-Nord[b]		Offizielle Ration eines Erwachsenen[c] (in g pro Tag)	
			Offiziell	Schwarzmarkt	Fleisch	Fette
1938	100	100		—		—
1939	105	105	—	—	—	—
1940	105	138	10 F*	—	—	—
1941	115	169	35 F	40 F	30,9	13,9
1942	118	198	50 F	90 F	20,1	14,5
1943	133	230	73 F	120 F	13,6	10,0
1944	168	259	60 F	65 F	7,1	5,5

Quellen: a) Rousso, 1993; b) Veillon/Flonneau, 1996; c) Michel Cépède, *Agriculture et alimentation en France durant la Seconde Guerre mondiale*, Paris: Génin 1961

* Die Preise sind die des ersten Jahresdrittels, wobei 1 Franc von 2000 ca. 1 Franc von 1943 entspricht.

Es war auch die Zeit des *ersatz* (das Wort hatte sich in Frankreich bereits im Ersten Weltkrieg eingebürgert) – vom Kaffee bis zu Stoffen. Auch hier appellierten die Behörden wieder an den Einfallsreichtum und an den Solidaritätsgeist der Franzosen, indem sie zum Beispiel die Schulkinder an riesigen Sammelaktionen von Roßkastanien, Eicheln und anderen »exotischen Früchten« beteiligten, die dann meistens ungenutzt liegenblieben.

Die Luftangriffe

Bereits Ende 1940 gab es die ersten alliierten Luftangriffe (etwa auf die Hafenstadt Brest), aber erst seit dem Frühling 1942 wurden sie Ursache häufiger Beunruhigung für die Franzosen, die in den gefährdeten Zonen lebten, das heißt in den Industriestädten der besetzten Zone, an den Eisenbahnknotenpunkten und an der Küste. Ab 1943 gehörten sie dann endgültig zum täglichen Leben; sie forderten insgesamt 60 000 Opfer. Den Höhepunkt erreichten sie im ersten Halbjahr 1944: Allein zwischen April und August 1944 zählte man 7000 Tote in der Pariser Region. Paris und seine Vorstädte erlebten mehrere große Wellen von Bombardements, angefangen mit dem wirkungsvollen, aber auch mörderischen Luftangriff auf das Fabrikgelände von Renault in Boulogne-Billancourt vom März 1942, dann das Bombardement vom April 1943 oder jenes, dem am 21. April 1944 640 Pariser Bürger des *Quartier de la Chapelle* zum Opfer fielen. Aber auch eine Stadt wie Nantes zahlte einen hohen Tribut: Die Angriffe vom 16. und 23. September 1943 ließen 1200 Tote und 2000 Verletzte zurück.

Die Propaganda von Vichy bemühte sich, Nutzen aus dem Unglück der Bevölkerung zu ziehen, die die ersten Luftangriffe als Preis für die Befreiung des Landes noch hingenommen hatte, nun aber unter der mangelnden Treffsicherheit der Bombardierung aus großer Höhe litt. »Der Täter kehrt immer wieder an den Ort des Verbrechens zurück«, ließ man die auf dem Scheiterhaufen stehende Jeanne d'Arc auf einem Plakat sagen. Es war am Tag nach dem schweren Luftangriff auf Rouen, der auch die Kathedrale nicht verschont hatte, angebracht worden.

Unterdrückung, Registrierung, Vereinnahmung

Zwar trafen die direkten Auswirkungen des Krieges nur jene Zonen, die eine strategische Bedeutung hatten, doch wirkte sich das allgemeine, vom Regime verbreitete repressive Klima ohne Unterschied im ganzen Land aus. Neben dem bereits erwähnten blutigen Kampf gegen den Widerstand führte die Bekämpfung des Schwarzen Marktes und die Suche nach den Verweigerern des STO zu einer ständig steigenden Zahl von Durchsuchungen und Kontrollen, die den größten Teil der Bereiche des täglichen Lebens betrafen. Für Léon-Paul Fargue hieß die Devise des Regimes nun »*Tracas, famine, patrouille*« (»Sorgen, Hunger, Patrouillen«) – in Anspielung auf die offizielle Parole »*Travail, famille, patrie*« (»Arbeit, Familie, Vaterland«).

Das daraus resultierende Übermaß an Reglementierung – hervorgebracht von einem Regime, das alles bevormundete, um alles zu erneuern, und umgesetzt von einer pedantischen Bürokratie, die durch nichts gebremst wurde – wurde noch verschärft durch einen Rückgriff auf statistische Methoden, insbesondere auf Karteien. Dafür gab es technische Gründe: Teilweise hervorgegangen aus den Kreisen der Modernisierer der Vorkriegszeit, war die Machtelite von der Notwendigkeit überzeugt, in der nunmehr gelenkten Wirtschaft rationelle Methoden der Verwaltung anwenden zu müssen. Aber die politischen Umstände diktierten ihr eigenes Gesetz. Die Erfassungen beschränkten sich nicht nur auf die Erhebung des industriellen Potentials des Landes:

Von Anfang an waren die Karteien auch Werkzeuge der Polizei. Heute weiß man, welchen Gebrauch die französische Regierung bei den von den Deutschen geforderten Razzien davon machte.[10]

Das Regime, das die Menschen in Verzeichnissen erfaßte und in seine Ordnung einband – der für alle obligatorische Französische Personalausweis (*Carte d'identité de Français*) stammt aus dem Jahr 1941 –, unterdrückte auch im Namen politisch-moralischer Ansichten: Eine Frau, die schuldig befunden wurde, mehrere Male Abtreibungen vorgenommen zu haben, also nach dem damaligen Verständnis ein Verbrechen gegen das Vaterland begangen hatte, wurde 1943 durch die Guillotine hingerichtet. Die Ausgangssperre war an der Tagesordnung, öffentliche Tanzveranstaltungen waren verboten, und die Sorge um die allgemeine Moral ging manchmal extrem weit: Im August 1943 beschlossen die Polizeibehörden, Gesellschaftsspiele zu beschlagnahmen, die auf dem traditionellen Spiel »Räuber und Gendarm« basierten, indem sie den »ungesunden Einfluß [hervorhoben], den ein solcher Zeitvertreib auf die Kinder haben könnte, da sie bei ihnen die schlimmsten Instinkte wecken und fördern«.

Zensierte und gelenkte Presse, allgemeine Beschränkung der Meinungsfreiheit – auf Äußerungen, die den Staatschef verunglimpften, stand Gefängnisstrafe –, Verbote von Versammlungen: Es handelte sich tatsächlich, wie ein Mann schrieb, der gut genug plaziert war, um darüber urteilen zu

10 Das Gesetz vom 3. Oktober 1940, das sogenannte »Judenstatut«, verlangte von allen in Frankreich lebenden Juden, sich in ein amtliches Register (*fichier*) eintragen zu lassen. Zusammen mit den Fremdenkarteien, die bereits von der III. Republik unmittelbar nach Ausbruch des Krieges angelegt worden waren, konnte die französische Polizei damit nicht nur bei der Vorbereitung der ersten großen Razzia vom 17. Juli 1942 (*rafle du Vel' d'hiv*), sondern auch später im Rahmen der engen Zusammenarbeit mit der deutschen Polizei immer wieder auf diese umfangreichen Unterlagen zurückgreifen.

können, nämlich der Justizminister Joseph Barthélemy, um »die tiefste Verdunkelung des Lichtes der Freiheit«, die Frankreich seit dem Zweiten Kaiserreich erlebt hatte.

Das kulturelle Leben in Frankreich von 1940 bis 1944

Als Gegenreaktion auf diese »Zeit der Richter« und diese mit aller Macht betriebene Renaissance der moralischen Werte kann man die von den Konformisten völlig falsch eingeschätzte Bewegung der Swing- oder Zazou-Jugend verstehen. Dabei handelte es sich um eine Gruppe junger Leute, die ihre Leidenschaft für den amerikanischen Jazz auslebte und sich auffällig elegant kleidete. Es ist einer der größten Widersprüche dieser Zeit, daß das kulturelle Leben Frankreichs zwischen 1940 und 1944 besonders reich war (Rioux, 1990) – vergleichbar mit dem Widerspruch, daß der demographische Aufschwung ausgerechnet auf dem tiefsten Punkt einsetzte: der Babyboom hat nicht erst 1945 begonnen, sondern bereits zwischen 1942 und 1943.

Eine blühende Saison

Im besetzten Paris verzeichneten Theater, Konzerthallen und Kinos häufig volle Säle, manchmal dank der Unterstützung eines feldgrau gekleideten Publikums. Die Maler malten und die Bildhauer bildhauerten (Bertrand-Dorléac, 1993), die Sänger sangen und die Schriftsteller schrieben. Große Werke entstanden zwischen 1940 und 1944: Im

Theater *Le Soulier de satin* (*Der Seidenschuh*) von Paul Claudel, *Les Mouches* (*Die Fliegen*), Drama von Jean-Paul Sartre, oder *La Reine morte* (*Die tote Königin*) von Henry de Montherlant, im Kino *Le Corbeau* (*Der Rabe*) von Henri-Georges Clouzot oder *Les Visiteurs du soir* (*Die Nacht mit dem Teufel*) von Marcel Carné.

Nachdem die Säuberungsaktionen abgeschlossen waren – Säuberung vom »jüdischen Einfluß«, aber auch, wie in den Verlagen und den Bibliotheken, von Autoren, die als zu links galten oder als Feinde Deutschlands betrachtet wurden (Fouché, 1987) –, lieferte die Kultur die nötige Dosis an Verdrängung, um Frankreich durch Vergnügungen die Härte der Zeit vergessen zu lassen. Dem Vaterland auf diese Weise zu helfen, Haltung zu bewahren, war das ein Akt des Patriotismus, wie es bei der Befreiung einhellig die überwiegende Mehrzahl der Kunstschaffenden behauptete? Sie hatten es jedenfalls nicht für notwendig befunden, sich hinter einer Mauer des Schweigens zu verbarrikadieren, wie dies Jean Bruller alias Vercors in seinem im Untergrund veröffentlichten Roman *Le Silence de la mer* (*Das Schweigen des Meeres*) beschrieben hat.

Manche wollten darin sogar einen Akt des Widerstandes sehen. Mehr als ein Theaterstück, das während der Besatzung gespielt worden war, wurde nun von seinem Autor als Träger von Inhalten hingestellt, die gegen das Regime oder den Besatzer gerichtet waren. Dies war zwar möglicherweise nicht falsch, unterstellte aber auch, daß das Publikum in der Lage gewesen war, die hinter den Worten verborgene Botschaft zu erkennen. Tatsächlich hat es Aufführungen gegeben, die wegen der Reaktion des Publikums verboten wurden, aber diese Art von Reaktionen hat es auch nach den Wochenschauen gegeben, die von der Regierungspropaganda zuvor selbstverständlich kontrolliert und zensiert worden waren: Für ein Publikum, das keine Möglichkeit hatte, sich zu äußern, war jede Gelegenheit recht, seine Meinung kundzutun.

Engagierte Schriftsteller

Wenn es also sinnlos ist, mit Steinen nach den Vertretern der Kultur zu werfen, die sich auf diese Weise mit der Besatzung »akkommodiert« hatten (Burrin, 1995), so muß denjenigen ein besonderer Platz eingeräumt werden, die durch ihr Engagement hervortraten, weil ihr Tun besonders folgenreich war. Nehmen wir als Beispiel nur die Schriftsteller. Einige können ohne Zögern auf der Seite der Résistance eingeordnet werden: so François Mauriac und Louis Aragon, die zu den Autoren gehörten, die heimlich von dem Untergrundverlag *Éditions de Minuit* veröffentlicht wurden; Jean Prévost, der bei den Kämpfen im Vercors umkam; Robert Desnos, der aus der Deportation nicht zurückkehrte. Dennoch wurden die Werke von Aragon wie Mauriac – ebenso auch von Georges Duhamel und Albert Camus – unter der Besatzung veröffentlicht, was eine deutsche Einwilligung voraussetzte: Die Grenze zwischen der Verweigerung und dem Bedürfnis, sich weiterhin zu äußern, war fließend (Sapiro, 1999).

Aber das Regime konnte auch auf einflußreiche Unterstützung zählen, angefangen mit der *Académie française*, die 1938 Charles Maurras aufgenommen hatte. Aus ihr stammten einige der größten Stützen Vichys: Abel Bonnard, der Minister für nationale Erziehung war; André Bellessort, der es fast geworden wäre; aber auch Joseph de Pesquidoux, ein Sänger von Volks- und Folkloreliedern, den die Ideologen von Vichy verherrlichten (Faure, 1989); Henry Bordeaux, Hagiograph von Marschall Pétain; sowie

Abel Hermant, ein eifriger Anhänger der Kollaboration. Ein anderer »Unsterblicher«, wie man die Mitglieder der *Académie française* auch bezeichnete, Claude Farrère, führte die Schlacht gegen die »schlechten Lehrer«, die die französische Jugend angeblich pervertiert hatten und an deren erster Stelle André Gide stand. Dieser verlor im übrigen auch seinen Einfluß auf einen anderen Eckpfeiler des Pariser literarischen Lebens, die Literaturzeitschrift *Nouvelle Revue française* (NRF), die Otto Abetz dem Schriftsteller Pierre Drieu la Rochelle anvertraut hatte.

So verschmähten auch Autoren mit illustren Namen nicht die Möglichkeit, dem neuen Frankreich ihre Unterstützung anzudienen, wie Paul Morand, Botschafter Vichys in Bukarest und Bern; Pierre Benoit, Mitglied der Gruppe *Collaboration;* ganz zu schweigen von Colette und Mac Orlan, die im Organ der Miliz, *Combats* (»Kämpfe«), publizierten. Und dann waren da noch jene Autoren, deren typischster Vertreter Jacques Chardonne war: Für sie war das Leben im besetzten und von Vichy regierten Frankreich ebenso süß wie im republikanischen Frankreich der Vorkriegszeit.

Wege zur kulturellen Erneuerung?

Die Organisationswut, die das frühe Vichy antrieb, verschonte auch den kulturellen Bereich nicht. Viele der heutigen Eingriffe des Staates in die Welt der Kunst haben ihren Ursprung in den Gesetzestexten dieser Epoche, sei es, daß sie bei der Befreiung in Kraft blieben, sei es, daß ihre Grundgedanken, nachdem sie erst einmal von den antisemitischen Bestimmungen bereinigt waren, die sie unweigerlich enthielten, in den Gesetzen der unmittelbaren Nachkriegszeit bewußt wieder aufgegriffen wurden. Bei der Standesordnung der Architekten, der Verordnung über die Theater oder der Reglementierung der archäologischen Ausgrabungen ist es nicht schwer, die Ursprünge in der Gesetzgebung von Vichy nachzuweisen.

Sehr bezeichnend ist auch das Beispiel des Kinos: Indem ein Projekt vom Ende der dreißiger Jahre in die Tat umgesetzt wurde, verfolgte die Gründung des *Comité d'organisation des industries cinématographiques* (»Organisationskomitee der Filmindustrie«) und das erneute Eingreifen des Staates in diesen Bereich ein doppeltes Ziel. Es handelte sich zum einen darum, ein Milieu zu »gesunden«, in dem Vichy besonders den »jüdischen Einfluß« fürchtete, andererseits aber auch darum, ein zu massives Eindringen deutschen Kapitals in die Unternehmen dieses Sektors zu verhindern (Bertin-Maghit, 1989). Ebenso hat das, was nach dem Kriege als Dezentralisation der Theater bekannt wurde, eine seiner Wurzeln in dem Versuch der Machthaber von Vichy, insbesondere in der südlichen Zone die Wanderbühnen zu fördern, die natürlich nicht für Paris typisch waren.

Dennoch entspringt es nur einem unzulässigen Hang zur Vereinfachung, wenn man die Kulturpolitik der Nachkriegszeit aus den wenigen in die Tat umgesetzten Projekten, vor allem aber aus der Ideologie von Vichy herzuleiten sucht. Dabei werden nur allzu oft die Tatsachen und insbesondere die dahinterstehende Absicht übersehen. Nichtsdestoweniger ist es richtig, daß aus den Aktivitäten von Bewegungen wie *Jeune France* (»Das junge Frankreich«) oder dem Wirken der Eliteschule von Uriage eine kulturelle Nachwelt entstand, die durch das Bemühen um eine Popularisierung des Zugangs zur Kultur und zu anderen Freizeitvergnügungen gekennzeichnet war und die in der Zeit der IV. Republik ihr goldenes Zeitalter erleben sollte. So erscheint die Periode des *État français* wie eine Etappe auf dem Weg zur Entstehung einer staatlichen Kulturpolitik – eine Kontinuität zwischen Vichy und der nachfolgenden IV. Republik, die sich im übrigen nicht nur auf den Bereich der Kultur beschränkte.

Meinungen, Parteinahme, Attentismus

Eine Erinnerung voller Lücken

Um die Lage der Franzosen unter dem Vichy-Regime besser verstehen zu können, muß man noch einmal auf die Bandbreite der verschiedenen Verhaltensweisen gegenüber dem Regime zurückkommen. Für eine detaillierte Analyse müßte man die Lage ausgehend von sozialen, demographischen und generationsbedingten Faktoren der betroffenen Bevölkerungsschichten erforschen, so daß Verallgemeinerungen in diesem Fall sehr problematisch sind, und das um so mehr, als diese Analyse erst jetzt, fünfzig Jahre nach den Ereignissen, vorgenommen wird.

In der Tat kann man nicht genug auf die Funktion der rekonstruierten Vergangenheit in den heutigen Aussagen von Zeitzeugen hinweisen. Immerhin handelt es sich hier um eine Periode, die noch immer von starken politischen und symbolischen Konnotationen belastet ist. Diese Vorsicht ist um so wichtiger, wenn es sich um Zeugnisse mit Anklage- oder Rechtfertigungscharakter handelt, wie es, nach den Verfahren im Rahmen der *épuration*, die jüngsten Prozesse gegen Klaus Barbie, Paul Touvier und gegen den leitenden Beamten Maurice Papon (1997–98) gezeigt haben (Conan/Rousso, 1994; Bédarida, 1996). Der Historiker sollte nicht so naiv sein zu glauben, daß er allein sich in einer neutralen Position gegenüber seinem Studienobjekt befindet. Allerdings verfügt er dank kritischer Benutzung seiner Quellen über die Möglichkeit, die Fakten nicht mit dem Bild zu verwechseln, das man sich je nach politischer und sozialer Notwendigkeit von ihnen gemacht hat. Auf diese Weise wurden ja dieselben Franzosen der dunklen Jahre, die im gaullistischen Interesse noch als Widerstandskämpfer (*Résistants*) galten, einige Jahre später, als das Pendel mit Filmen wie *Le Chagrin et la Pitié* (*Das Haus nebenan – Chronik einer französischen Stadt im Kriege*, 1969) in die Gegenrichtung ausschlug, auf einmal zu »vierzig Millionen Pétainisten«.

Unterschiedlichste Quellen

Statt auf diese rekonstruierte Vergangenheit sollte man also, um die Entwicklung der öffentlichen Meinung zu verfolgen, besser auf Dokumente aus der Zeit zurückgreifen, wie Tagebücher und persönliche Aufzeichnungen. Einige von ihnen sind in den zehn Jahren, die auf den Konflikt folgten, veröffentlicht worden, insbesondere von den Getreuen des Regimes: so von Maurice Martin du Gard oder von Pierre Nicolle, Vertreter des pétainistischen Kleinunternehmertums. Aus jüngerer Zeit stammt die Veröffentlichung, kommentiert von ausgewiesenen Historikern, der Tagebücher von Männern, die auf der anderen Seite standen, wie Charles Rist, der Mitglied des Finanzestablishments, aber ein überzeugter Freund der Engländer war (Rist, 1983), oder des Schriftstellers Léon Werth (Werth, 1946). Man sollte auch und vor allem auf das außergewöhnliche Zeugnis der *Éphémérides de quatre années tragiques* (1940–44; ›Abreißkalender‹) von Pierre Limagne zurückgreifen, der in Form einer Chronik die wichtigsten Daten und Ereignisse aufzeichnete. Punktueller, aber nützlich für die Beschreibung des täglichen Lebens unter der Besatzung, sind auch alle Erinnerungen – ob veröffentlicht oder privat – der Handelnden dieser Epoche.

Und schließlich, darauf weist ein Pionier der Forschungen in diesem Bereich, Pierre Laborie, hin, liefern heute auch die Maßnahmen, die vom Regime selbst ergriffen wurden, um die öffentliche Meinung zu überwachen und zu steuern, eine wertvolle Quelle. Dazu gehören die Lageberichte der Präfekten sowie die monatlichen Analysen, die vom *Service des contrôles techniques* (»Technischen Kontrolldienst«) verfaßt wurden, der den täglichen Brief- und Telefonverkehr überwachen sollte.

Eine öffentliche Meinung im Wandel

Diese reichlich vorhandenen Dokumente bestätigen die Existenz von großen Schwankungen, denen die öffentliche Meinung unterlag und die nicht nur von den militärischen Ereignissen abhingen, sondern auch von der sozialen Situation und der geographischen Lage: So lehnte man in der besetzten Zone die Kollaboration im allgemeinen eher ab und war weniger pétainistisch als in der freien Zone. Nichtsdestoweniger kann man einige wichtige Etappen im Prozeß der Loslösung der Franzosen vom Vichy-Regime feststellen.

Die Etappen. Überrascht von Montoire[11], erfreut über die Entlassung von Laval am 13. Dezember 1940 – denn dadurch konnte das Image des antideutschen Marschalls gestärkt werden, und es war möglich, zwischen dem gebührenden Gehorsam, den man dem Marschall, dem guten

11 In Montoire hatte Pétain Hitler die Kollaboration des Vichy-Staates angeboten; vgl. S. 75 ff.

Herrscher, schuldete und dem notwendigen Gehorsam, der von der nur aus schlechten Ministern bestehenden Regierung eingefordert wurde, zu unterscheiden –, wies die öffentliche Meinung bereits Mitte 1941 eine doppelte Orientierung auf: einerseits eine Parteinahme für England, die sofort aufkam, nachdem erst einmal die Erinnerung an die Versenkung der französischen Flotte vor Mers el-Kébir verblaßt war, andererseits die Ablehnung der Kollaboration. Diese hatte nämlich kein sichtbares Resultat gezeitigt, weder die Abschaffung der Demarkationslinie noch die Rückkehr der Kriegsgefangenen noch – und dies war ein besonders drückendes Problem – eine Verbesserung der Versorgungslage.

Die Spirale wachsenden Mißtrauens setzte im Sommer 1941 ein, nach der Zäsur durch den deutschen Angriff auf die UdSSR. Noch während die Wehrmacht von Erfolg zu Erfolg eilte, nahm die Deutschfeindlichkeit der Franzosen zu und mit ihr die Ablehnung eines Regimes, das sich immer tiefer in die Kollaboration verstrickte. Die Tendenz verstärkte sich mit den Zwangsmaßnahmen, die Vichy im August 1941 ergriff (der »widrige Wind«), und noch mehr durch die Geiselerschießungen, die sich ab September 1941 häuften: Ende Oktober 1941 wurden 123, ein Jahr später bereits 1500 Geiseln erschossen.

Die Verteidigung der Republik, für die Léon Blum im Februar 1942 vor seinen Richtern in Riom mutig eintrat, festigte die Opposition gegen das Regime, die im Namen der republikanischen Werte insbesondere von den ehemaligen Mitgliedern der SFIO getragen wurde. Mit der Rückkehr von Laval, dessen Name ein Synonym für die Kollaboration war, wuchs das Mißtrauen, und es schlug nach der Rede vom 22. Juni 1942, als der Regierungschef sagte, daß er »den Sieg Deutschlands wünsche«, in offene Feindschaft um.

Das alles findet sich in den Berichten der Präfekten, sie zeugen auch von dem von vielen Franzosen empfundenen Schock angesichts der Verhaftungswellen jüdischer Männer, Frauen und Kinder und deren anschließender Deportation. Durchgeführt von der französischen Polizei, offenbarten diese Razzien in den Augen der Öffentlichkeit das geheime Einverständnis zwischen dem Besatzer und der Regierung von Vichy und verstärkten so die Abkehr der öffentlichen Meinung von diesem Regime. Die alliierte Landung im November 1942 in Nordafrika, gefolgt von der Einführung des STO im Februar 1943, beschleunigte diese Tendenz ganz erheblich. Bereits im November 1942 antwortete Laval einer Gesprächspartnerin, die ihm vorhielt, daß 80 % der Franzosen gegen ihn seien, gelassen: »Oh, Sie täuschen sich, Madame, es sind 98 %« (Martin du Gard, 1948).

In der letzten Phase des Regimes wuchs einerseits die Hoffnung angesichts der Aussichten auf Befreiung, die der Sturz Mussolinis im Sommer 1943 sowie die sowjetische Gegenoffensive im Osten anzukündigen schienen, andererseits der Überdruß, insbesondere nachdem der Herbst 1943 verging, ohne daß die Landung in Europa stattfand, die Churchill unvorsichtigerweise noch »vor dem Fall der Blätter« versprochen hatte. Angeheizt von einem Regime, das in Gestalt von Philippe Henriot auf der Klaviatur der Angst vor dem Kommunismus spielte, kam auch die Angst vor dem Bürgerkrieg auf. Zwar wurde die Miliz von der Bevölkerung, die von ihr terrorisiert wurde, allgemein verachtet, doch war auch das Verhältnis zur Résistance keineswegs eindeutig. Die Öffentlichkeit hegte ihr gegenüber, nacheinander oder gleichzeitig, Gefühle wirklicher Solidarität wie auch feindseliger Ablehnung. Sie resultierten aus der Angst vor möglichen Repressalien, manchmal auch vor tatsächlichen Gewalttaten, die von den mehr oder minder mit der Résistance verbundenen Gruppen verübt wurden (Laborie, 1990).

Entscheidung für ein Lager?

Die Zahl der Franzosen zu schätzen, deren Haltung so eindeutig war, daß sie den Ausdruck ›Engagement‹ verdient hätte, ist keine einfache Sache. Basierend auf seiner Auswertung der Mitgliederkarteien der Parteien und Gruppierungen der Kollaboration, schätzt Philippe Burrin die Zahl der Mitglieder dieser Parteien auf 250 000 und auf 1 bis 2 Millionen die Zahl ihrer Sympathisanten, wobei der Höhepunkt im Laufe des Jahres 1942 erreicht wurde (Burrin, 1995). In erstaunlicher Symmetrie wurden nach der Befreiung 220 000 Karten an freiwillige Kämpfer der Résistance verteilt, die Anfang 1944 ungefähr 1 Million Sympathisanten hatte.

Da sie sich so sehr gleichen, scheinen die Zahlen die Gegenüberstellung von zwei Frankreichs zu erlauben, eines der Kollaboration und eines der Résistance, aber sie zeigen gleichzeitig auch das Ausmaß der dazwischenliegenden Grauzone. Sie wurde von denjenigen gebildet, die sich sicherlich zunächst um die materiellen Probleme ihres Überlebens sorgten, andererseits aber auch darauf bedacht waren, jedes Engagement zu vermeiden. Ihre abwartende Haltung war dennoch nicht rein passiv. Wenn man näher hinsieht, kann man ihr Verhalten auch als Fähigkeit beschreiben, den Ereignissen des Krieges mit einer Palette von Verhaltensweisen zu begegnen, die von vorsichtiger Ablehnung bis hin zu mehr oder minder resignierter Billigung reichte.

Vom Widerstand zur Ablehnung. Nicht jede Geste der Verweigerung ist sofort Widerstand, dieser setzt gleichzeitig eine Art von Organisation, einen Willen zur Bekehrung der anderen und ein politisches Ziel voraus. Anhand des Beispiels der Verweigerung des Zwangsarbeitsdienstes läßt sich dieser bedeutende Unterschied besser verstehen, denn »der

Ungehorsam gegenüber dem STO, gegen das Prinzip an sich, war ›nur‹ der Protest gegen ein Gesetz, das als völlig inakzeptabel galt, das heißt die Auflehnung gegen eine Entscheidung der Besatzungsmacht; es war nicht immer auch ein Infragestellen dieser Macht. Das Typische des Widerstandes ist aber, daß er die Macht des Besatzers und die der kollaborierenden Kräfte selbst angreift, indem er die angebliche Legitimität seiner Anwesenheit, seiner Symbole, seiner Propaganda und seiner Unterdrückungsmittel in Frage stellt« (Semelin, 1994).

Die Formen der Verweigerung waren extrem unterschiedlich; man konnte sie je nach Grad des Risikos, das sie beinhalten, unterscheiden: So war das Abhören der Radiosendungen der BBC, obwohl es verboten war, eine wenig gefährliche Tat, während etwa das Tragen des gelben Sterns, ob als Provokation oder aus Solidarität, wenn man nicht selbst Jude war, oder die Bereitstellung seiner Adresse als Briefkasten für eine Widerstandsbewegung oder gar das Verstecken von Angehörigen des Widerstandes ausgesprochen riskante Verhaltensweisen waren, vor allem, wenn sie wiederholt begangen wurden. Die Häufung solcher individuellen Akte der Verweigerung, die nicht koordiniert und meist nicht als Vorbild gedacht waren, bedeutete noch kein völliges Engagement in dieser »rebellischen Gesellschaft«, die die Résistance ausmachte. Aber sie lieferte dem organisierten Widerstand, der ab 1943 zunehmend an Bedeutung gewann, jenes geheime Einverständnis, das er so nötig hatte wie der Fisch das Wasser.

Historiker, die über die deutsche Gesellschaft unter dem Nationalsozialismus gearbeitet haben, unterscheiden einerseits zwischen dem aktiven und offenen Widerstand, andererseits zwischen jenen Formen der Untätigkeit und der stummen Opposition, die der britische Historiker Ian Kershaw »Dissens« nennt. Dazu gehören Formen »des weniger bedeutenden zivilen Ungehorsams, die zwar die Idee einer ›totalen Kontrolle‹ des Regimes ablehnen, aber noch lange keine grundsätzliche Ablehnung des Nationalsozialismus bedeuten« (Kershaw, 1995). Diese Differenzierung findet in Frankreich ihr Pendant, wenn man dem Bekenntnis zum autoritären Regime das stillschweigende Einverständnis oder – um den Begriff aufzunehmen, den Philippe Burrin auf die Reaktionen der besetzten Franzosen anwendet – die *»accommodation«* (»Anpassung«) gegenüberstellt.

Formen der Akkommodation und der Ambivalenz. Um Akkommodation handelt es sich zum Beispiel bei den Bankiers (Andrieu, 1990) und den Arbeitgebern (Hazera / de Rochebrune, 1995), die der Ablauf der Ereignisse dazu brachte – »Geschäft ist Geschäft« –, die Aufträge der Deutschen zu erfüllen und noch ein wenig mehr zu tun. Einige der bekanntesten Geschäftsleute, wie Louis Renault und Marcel Boussac, ließen sich auf Kontakte mit den Deutschen ein, die weit über die Notwendigkeit des Überlebens ihrer Unternehmen hinausgingen. Die Bankiers standen nicht abseits, so Henri Ardant, Präsident des *Comité d'organisation des banques* (Organisationskomitee der Banken; Burrin, 1995). Aber die Bereitschaft zur Akkommodation war auch in einfacheren Kreisen nicht weniger weit verbreitet, wie etwa die hohe Zahl der Franzosen zeigt (ungefähr 100 000), die sich daran machten, Deutsch zu lernen.

Abwartendes Verhalten und doppeltes Spiel in der Verwaltung von Vichy im Jahr 1943

Es gibt kaum Beamte, vor allem in den höheren Rängen, die nicht von der Sorge geplagt werden, zwischen sich und den Kollaborationismus Vichyscher Prägung die

Schutzmauer einer Geste zu legen, einer Tat, eines Wortes, einer Initiative, einer Maßnahme, aus der sie im richtigen Moment Profit ziehen können. Ich weiß, daß im Hôtel de la Paix Beamte drei Akten angelegt haben; die erste, die dünnste, enthält Hinweise darauf, was sie für die Regierung getan haben; die zweite den Nachweis der für die Deutschen geleisteten Dienste; die dritte die Durchschläge von Informationen mit anglophilen Tendenzen. Zum Zeitpunkt X werden zwei dieser Akten verschwinden. Selbstverständlich ist es von nun an die angelsächsische Akte, die man sich aufzublähen bemüht, übrigens ohne dabei vor Schwindeleien zurückzuschrecken. [...] Man sollte nicht vergessen, daß die Anhänger von Vichy, mehr als alle anderen, alles daran gesetzt haben, um mit einem Höchstmaß an Vorsichtsmaßnahmen am Ende auszukommen. Wenn niemand ihr Spiel enttarnt oder ihrer traurigen Karriere unverzüglich ein Ende setzt, werden sie sich am Tag des Sieges mit dicken Akten präsentieren, die ihnen den Nimbus von »Befreiern« verleihen. Wer wird dann in der allgemeinen Begeisterung schon aufstehen, um diese Komödie aufzudecken? Wer wird in Erinnerung rufen, wie zerbrechlich ihre Anglophilie war, bis sich der Wind drehte – und solche Männer haben feine Nasen?

Bericht für das *Bureau Central de Renseignement et d'Action* (BCRA) von »Mr M., journaliste«. April 1943. (Archives nationales, 3 AG2 325.)

Auch wenn ein solches Kontinuum an Verhaltensweisen es leichter macht, zwischen dem Engagement für die Kollaboration und dem Engagement für den Widerstand eine Nuancierung herauszuarbeiten, die von der Staatskollaboration über die Zustimmung, die Akkommodation und den Attentismus bis hin zur Loslösung führt, so kann man doch das Gefühl der Ambivalenz nicht aussparen, das in diesen trüben Jahren oftmals überwog (Bloch-Lainé/Gruson, 1996): eine Ambivalenz, die in dem erwähnten doppelten Spiel, das in zahlreichen Verwaltungen ab Mitte 1943 weit verbreitet war, bis zur Karikatur verzerrt wurde, die sich aber in komplexerer Form auch in der sich verändernden Einstellung gegenüber der Person des Marschalls Pétain niederschlägt.

Die Person Pétain. In der Erklärung, die bei der Eröffnung seines Prozesses am 23. Juli 1945 verlesen wurde, behauptete Marschall Pétain, daß er die Rolle des »bouclier« (»Schildes«) der Franzosen gespielt habe, in Ergänzung zur Rolle des »glaive« (»Schwertes«), die General de Gaulle übernommen habe. In den Archiven, die seit mehr als zwanzig Jahren zugänglich sind, ist nachzulesen, daß diese Behauptung reine Geschichtsklitterung ist. Die Dokumente bestätigen im Gegenteil, daß der *État français* und sein Führer bei der Politik der Ausgrenzung und dem Zustandekommen der Kollaboration die zentrale Rolle gespielt haben.

Als Zufluchtsstätte jeglicher Form des Attentismus wurde die Legende vom doppelten Spiel eines Pétain, der Frankreich nur vor den deutschen Karren spannte, um Hitler besser täuschen zu können, bereits im besetzten Frankreich geboren. Sie erklärte sich nicht zuletzt aus der besonderen Rolle, die der Sieger von Verdun in der politischen Vorstellungswelt der Franzosen spielte. Die Kehrseite des *»don de sa personne«* (»Geschenk seiner Person«), das Marschall Pétain Frankreich gemacht hatte, war das blinde Vertrauen, das er von den Franzosen verlangte und das die Propaganda mit Hilfe von Parolen wie »Seid Ihr französischer als er?« oder »Wißt Ihr besser als er, was wichtig ist für Frankreich?« pausenlos neu einforderte.

Selbst als die letzten Anwandlungen der Unabhängigkeit auf die deutsche Unnachgiebigkeit stießen und der Führer des *État français* nicht mehr vergöttert wurde, blieb er für die Mehrheit der Öffentlichkeit die Inkarnation des Patrioten, von dem sie, gegen alle Logik, noch immer die Fähigkeit erwartete und erhoffte, den deutschen Forderungen zu widerstehen. Der Empfang, den Paris am 26. April 1944 dem greisen Marschall bereitete – weniger enthusiastisch, als man behauptet hat und noch immer behauptet, wenn man ihn mit dem vergleicht, den vier Monate später dieselbe Pariser Bevölkerung General de Gaulle bereitete –, muß ebensosehr als »die Überzeugung [verstanden werden], ein antideutsches patriotisches Gefühl zum Ausdruck zu bringen, [wie als] das Fortdauern einer langen Blindheit im Kult um den Marschall« (Laborie, 1990). Es ist verblüffend, daß diese Blindheit noch heute andauert. Auch wenn sie die vom Vichy-Regime verfolgte Politik massiv verurteilen, empfinden die Franzosen von heute weiterhin eine Art Nachsicht gegenüber ihrem Chef, wie es die Analyse der Meinungsumfragen zeigt.

Das Urteil der Franzosen über Marschall Pétain ...

In bezug auf Marschall Pétain, würden Sie sagen, ...?

– daß er Frankreich verraten hat	22 %
– daß er sich in gutem Glauben getäuscht hat	24 %
– daß er versucht hat, die Interessen Frankreichs zu wahren	30 %
Ohne Meinung	24 %

Studie von SOFRES vom 22. bis 24. November 1994. Zit. nach: Jean-Pierre Azéma: Vichy dans la mémoire des Français. In: SOFRES: État de l'opinion 96. Paris: Seuil, 1996.

... und dasjenige von General de Gaulle

Vichy, das unsere Waffen gestreckt hat, Vichy, das unserer Flotte und unserem Kolonialreich verboten hat, sich zu rühren, außer um Franzosen und ihre Verbündeten zu bekämpfen, Vichy, das mit den Mördern kollaboriert hat, Vichy, das die Hände Frankreichs festhielt, während der Feind es erwürgte, dieses Vichy muß auf allen Ebenen auf den völligen und unaufhörlichen Widerstand des französischen Volkes treffen. Solange nicht die nationale Gerichtsbarkeit auf Vichy niedergehen konnte, steht allem, was aus Vichy kommt, nur die öffentliche Ablehnung zu, angefangen – natürlich – bei dem hauptsächlich Verantwortlichen für das militärische Desaster, den entehrenden Waffenstillstand und das Unglück Frankreichs: dem Vater-der-Niederlage[12] von Vichy.

Text einer Ansprache de Gaulles, die am 23. Oktober 1941 von Radio London ausgestrahlt wurde. Zit. nach: Charles de Gaulle: Discours et Messages. Bd. 1: Pendant la guerre, juin 1940 – janvier 1946. Paris 1970. S. 123.

12 De Gaulle spielte damit auf ein patriotisches Volkslied an, das nach dem 1. Weltkrieg entstanden ist. Darin wird der damalige Ministerpräsident Georges Clemenceau als der »Père-la-Victoire« (»Vater des Sieges«) verherrlicht.

Zusammenfassung: Vichy und der Geist von Vichy

»Über mich allein wird die Geschichte richten«, hatte der Staatschef am Tag nach Montoire, nicht ohne Pomp und Selbstgefälligkeit, verkündet. Und tatsächlich, wie diejenigen feststellen mußten, die sich von Anfang an gegen das aus der Niederlage geborene Regime stellten, spielte die Persönlichkeit von Marschall Pétain für die Sammlung der Franzosen hinter Vichy eine große Rolle. General de Gaulle bemerkte dazu in seiner Erklärung zum Waffenstillstand am 26. Juni 1940: »Um eine solche Knechtung zu erreichen und zu akzeptieren, wären Sie nicht nötig gewesen, Herr Marschall, man brauchte dazu den Sieger von Verdun nicht; jeder andere hätte genügt« (de Gaulle, 1970). Und Léon Blum warf Pétain, aber auch Darlan und Weygand, bitter vor, »das Gewicht seines Namens, seines Dienstgrades, seiner Glaubwürdigkeit in die Waagschale geworfen« zu haben, um die Führer des Kolonialreiches und der Flotte daran zu hindern, sich denen anzuschließen, die hinter de Gaulle den Kampf fortsetzen wollten (Blum, 1955).

Man kann die Geschichte nicht umschreiben, und es ist sinnlos, sich vorzustellen, wie sich die militärische Situation entwickelt hätte, wenn es der französischen Regierung im Juni 1940 gelungen wäre, Nordafrika für die Fortführung des Kampfes zu gewinnen, oder wenn die im Maghreb stationierten Truppen sich dem Freien Frankreich angeschlossen hätten. Der französische Weg resultiert aus der gegenteiligen Entscheidung Marschall Pétains und der Politiker, die ihn an die Macht gebracht haben und ihm dann auf diesem Weg gefolgt sind, nämlich aus der Entscheidung für den Waffenstillstand. Sie haben es getan, weil sie für ein politisches Ziel eintraten. Ganz sicher hat es vor dem Krieg kein Komplott gegeben, um den Sieger von Verdun an die Macht zu bringen, wie man es im Prozeß gegen Pétain im Juli 1945 – vergeblich – zu beweisen suchte. Pétain gelangte an die Macht, weil viele damals glauben wollten, »daß man ein Land wieder aufrichten konnte, bevor man es befreite«. So umschrieb es drei Jahre später François Valentin, der ehemalige Generaldirektor der inzwischen mit de Gaulle verbündeten *Légion*, und sah den wesentlichen Fehler Vichys eben darin, versucht zu haben, »das Haus wieder aufzubauen, als es noch lichterloh brannte« (zit. nach: Crémieux-Brilhac, 1975).

Diese Erneuerung der Nation führte über die Nationale Revolution, die allerdings wenig revolutionär war, sondern im Gegenteil sehr viele reaktionäre Aspekte aufwies. Dies gilt etwa für das von der Restauration der Bourbonen im Jahre 1815 inspirierte Ziel, »wieder ein festes Glied in der Kette der Zeit zu werden«. Dennoch, so schrieb 1942 die Autorin einer Doktorarbeit über die Rolle der Frauen in der Verwaltung, »steht fest, daß die Emanzipation der Frau, die schrittweise Gleichstellung der Geschlechter einer der charakteristischsten Züge des Fortschritts der Ideen und der modernen Zivilisation ist. Kann man das Rad der Geschichte zurückdrehen? Ein einfaches Gesetz ist dazu wohl kaum in der Lage« (Verdeau, 1942). Für den Erfolg der Nationalen Revolution, die von der Öffentlichkeit schnell als »*Bibliothèque rose, marché noir, terreur blanche*« (»Rosa Bibliothek,[13] Schwarzer Markt, weißer Terror[14]«) erlebt wurde (zit. nach: du Moulin de Labarthète, 1946), wäre es nötig gewesen, daß sich in dieser seltsamen Verbindung aus konservativen, traditionalistischen, aber auch bündischen Rechten mit den »apolitischen« Kreisen der Erneuerer, die von der erzwungenen Abschaffung des Parlamenta-

13 Synonym für Kinderbücher.
14 Bezeichnung für die beiden Perioden des Terrors der Royalisten in Frankreich, die erste 1795, die zweite 1815.

rismus profitierten, ein starker und einheitlicher politischer Wille entwickelte. Nur so wäre es möglich gewesen, Frankreich, notfalls in einem Gewaltmarsch, der Wirklichkeit der technischen Zivilisation anzupassen, die sich in Kontinentaleuropa unter deutscher Führung durchsetzte.

Es gab aber nur wenige übereinstimmende Programmpunkte innerhalb dieser heterogenen Unterstützerkreise der Macht; sie beschränkten sich im wesentlichen auf die Ausbildung eines obligatorischen Kultes um den Marschall. Auch die gemeinsame Verachtung der Demokratie, die oft von Rachegedanken gegenüber der Volksfront der dreißiger Jahre und einem soliden Antikommunismus getragen wurde, gehörte dazu. Von Anfang an war die Ausgrenzung oberstes Ziel: Es gab einen offenen Widerspruch zwischen einerseits den Reden eines Regimes, das die Gemeinschaft der Franzosen herbeiführen wollte, als Antwort auf die Politik, die sie auseinandergebracht habe, und andererseits der Wirklichkeit einer von Grund auf repressiven Vorgehensweise, die den tiefsten Bruch der französischen Gesellschaft seit der Französischen Revolution verursachte. In einer sicherlich nicht als Parodie gedachten Anspielung auf die Evangelien hatte Pétain gewarnt: »Wer nicht mit mir ist, ist gegen mich.« Dieser Wahlspruch hätte sicherlich auf viele totalitäre Regime gepaßt.

Die Vorstellung von der Einheit der Nation als einem organischen Ganzen im Gegensatz zur Souveränität von gleichberechtigten Individuen war die eigentliche gemeinsame Basis der gegenrevolutionären und faschistischen Ideologien. Aus diesem Grund konnte die totalitäre Versuchung das Regime zumindest streifen (Peschanski, 1988), ja sogar faszinieren, wie es das Konzept der von Politikern wie Pucheu oder Bonnard verfolgten Jugendpolitik zeigt. Dennoch, indem Vichy die Bildung einer Einheitspartei ablehnte, verzichtete es auf ein wichtiges Element des Faschismus. Dafür gibt es Gründe, die mit dem damaligen Zustand der französischen Gesellschaft zusammenhängen, zum Beispiel mit dem Einfluß der katholischen Kirche; andere Gründe gehen eher auf die äußeren Umstände zurück, die es Frankreich unmöglich machten, eine imperialistische Politik, also den Motor der faschistischen Dynamik, zu betreiben: Sie war kaum von einem Staatschef zu erwarten, der in einer seiner Erklärungen an die Franzosen von sich sagte, daß »er [sich] jeden Tag wiederhole, daß wir geschlagen worden sind«.

Dennoch besaßen die wirtschaftlichen und administrativen Eliten zuwenig republikanischen Geist, um als Schutzwall gegen die willentliche und schnelle Zerstörung der grundlegenden republikanischen Werte, nämlich Freiheit und Gleichheit, zu dienen. Nicht ein einziges Mitglied des Ministerrates äußerte den leisesten Einwand gegen das Judenstatut; statt dessen bemühte sich diese ehrenwerte Versammlung, es durch Vorschläge von großer juristischer Präzision eher noch zu perfektionieren. Nicht einer der hohen Beamten der Präfekturen hat es für notwendig befunden, sein Amt lieber niederzulegen, als die Verhaftungen der Juden zu überwachen, die im Sommer 1942 sowohl in der besetzten als auch in der freien Zone stattfanden. Erinnern wir uns daran, daß in Belgien, mit Ausnahme von Antwerpen im September 1943, die belgische Polizei nicht zu den Verhaftungen hinzugezogen wurde. Man kann sich die Frage stellen, ob die französische Polizei vom Besatzer zu dieser traurigen Aufgabe hätte gezwungen werden können und ob sie dann den Auftrag mit demselben professionellen Eifer erledigt hätte. Was geschehen ist, ist geschehen, so daß die Frage als gegenstandslos betrachtet werden muß. Dennoch ist das ein entscheidender Punkt: Unter Berufung auf seine Legitimität und den schuldigen Gehorsam gegenüber dem Staatschef hat das Regime des Marschalls Pétain den Apparat des *État français* in die Kollaboration eingebracht und aus ihm das Instrument einer Politik der Ausgrenzung und der Unterdrückung gemacht, die ihresgleichen sucht.

Man kann Kontinuitäten zwischen dem Staat von Vichy, seinem Vorgänger (zum Beispiel in der Familienpolitik) und seinem Nachfolger (etwa die Einführung eines dirigistischen Konzepts in der Wirtschaftspolitik) finden. Aber im institutionellen Bereich ist der Bruch deutlich sichtbar und noch stärker im politischen Sektor. Sicherlich hatte die ausgehende III. Republik Lager eingerichtet, um die besiegten spanischen Republikaner unterzubringen oder, nach der Kriegserklärung, die Exil-Deutschen, die zumeist Antinazis waren. Dieselbe Republik hatte auch diejenigen französischen Kommunisten vom öffentlichen Dienst ausgeschlossen, die sich weigerten, sich nach der Unterzeichnung des Hitler-Stalin-Paktes von ihrer Partei loszusagen. Aber diese Maßnahmen waren als provisorische Lösung gedacht, und vor allem war nicht beabsichtigt, ganze Schichten der Bevölkerung endgültig aus der nationalen Gemeinschaft auszuschließen, um Frankreich zu »reinigen«. Es war auch nicht die Rede von Internierungen auf administrativem Wege und auf einfache Entscheidung des Präfekten hin, nach dem Vorbild der *lettres de cachet*[15] Ludwigs XIV. Ebensowenig war die Rede davon, daß man die Polizei förmlich anwies, »Terroristen« zu erschießen, nur weil die Justiz manchmal dazu neigte, sie nicht hart genug zu bestrafen.

Die Männer, die das Judenstatut unterzeichnet haben, haben nicht an Auschwitz gedacht und es auch nicht gewollt, und die rachsüchtige Reden führenden Mitglieder der *Légion* vom Herbst 1940 sind nicht die zukünftigen Folter-Milizionäre vom Frühling 1944. Aber sie haben es möglich gemacht. Fixiert auf die Verteidigung der formalen Souverä-

15 Geheimbefehle des französischen Königs (bis 1789), die Verbannung oder Verfolgung anordneten.

nität seines kleinen Reiches, das außerhalb des Krieges, also außerhalb der Zeiten stand (Burrin, 1992), hatte das Regime den Übergang vom Waffenstillstand zur Kollaboration gewählt und dann das Abgleiten der Kollaboration in die Unterwerfung zugelassen. Dagegen konnte General de Gaulle, der eine fast prophetische Sicht von den strategischen Implikationen und dem weltumspannenden Ausmaß des Konfliktes hatte – was aus seinem Radioaufruf vom 18. Juli 1940 herauszuhören war –, sich die Worte Charles Péguys zu eigen machen, der einmal gesagt hatte, daß »derjenige, der sich ergibt, immer Unrecht hat gegenüber dem, der sich nicht ergibt«.

Zweifellos haben die Franzosen – und dieser Zwiespalt hinterläßt noch heute Spuren in der Erinnerung – die Jahre zwischen 1940 und 1944 als Krieg zwischen zwei verschiedenen Vorstellungen von Frankreich erlebt. Diejenige der Menschenrechte und der Freiheit erschien lange Zeit als die schwächere: Die französischen Eliten haben sich dem extremen Autoritarismus, den Vichy Frankreich aufzwang, angepaßt – und sie haben ihn ohne Gewissensbisse solange unterstützt, wie es ihnen legitim erschien. Der *État français* hat der totalitären Versuchung gerade noch widerstanden, aber er erging sich in autoritären Diskursen und ausgrenzenden Deklarationen und durchlief alle Stadien der Unterdrückung der freien Meinungsäußerung, der moralischen Ordnung, der Repression sowie eines Versuchs der Klerikalisierung der Gesellschaft. Sein Ende ließ das Pendel ins andere Extrem ausschlagen. Die Idee der Demokratie wurde bis in jenes Übermaß an Parlamentarismus und Machtlosigkeit hinein rehabilitiert, an dem die IV. Republik schließlich zugrunde ging.

Wo stehen wir heute, da die Orientierungspunkte der Nachkriegszeit verschwinden? Die unverzichtbare Versöhnung Frankreichs mit diesem Teil seiner Geschichte ist nur über ein – schwieriges, aber heilsames – Begreifen der tatsächlichen Intentionen und Verhaltensweisen der Franzosen zwischen 1940 und 1944 möglich. Durch unsere verbesserten Kenntnisse über diese Epoche sollte eine klare Sicht der damaligen Verantwortlichkeiten möglich sein, damit endlich die ermüdende und sinnlose Debatte über semantische Feinheiten ein Ende findet, in der das formal legale Frankreich von Pétain dem legitimen Frankreich von de Gaulle gegenübergestellt wird. Es ist unabdingbar zuzugeben, daß diejenigen, die die Ausgrenzungsgesetze anwandten und der französischen Polizei bei der Repression und der Verfolgung ihre Unterstützung liehen, Franzosen waren, die auf Anordnung der französischen Regierung handelten. Nur so ist die unbewußte Ambivalenz zu beenden, die sich in der merkwürdigen Formulierung von Präsident Pompidou zeigte, als er 1972 die Zeit der Besatzung als eine »Epoche [beschrieb], in der die Franzosen sich nicht liebten«, oder die sich zwanzig Jahre später in dem Entschluß von François Mitterrand offenbarte, der den Präfekten der Vendée alljährlich einen Kranz auf dem Grab von Marschall Pétain auf der Île d'Yeu niederlegen ließ.

Wie Primo Levi schrieb, sind »Völker, die ihre Vergangenheit verleugnen, dazu verurteilt, sie noch einmal zu erleben«. Die Warnung gilt auch für Frankreich, wo der Kampf zwischen den republikanischen Werten und der Sehnsucht nach der Autorität nur notdürftig verhüllt wieder aufzuleben scheint. Das Modell einer organisierten, nationalistisch orientierten und für Fremde verschlossenen Gesellschaft, das einige – ohne eine offene Forderung zu wagen – sich insgeheim wünschen, hat eine (Vor-)Geschichte. Ist es unvermeidbar, daß mit den letzten Zeitzeugen des Dramas von 1940 bis 1944 auch der Glaube an die republikanischen Werte verschwindet, der diejenigen beflügelte, die gegen Vichy kämpften? Der Geist von Vichy ist, leider, noch immer nicht tot.

Verzeichnis der Abkürzungen

CDLL	Ceux de la Libération
CDLR	Ceux de la Résistance
CFLN	Comité français de libération nationale
CGE	Comité général d'études
CGT	Confédération général du travail
CNR	Conseil national de la Résistance
CNRS	Centre national de la Recherche Scientifique
DGTO	Délégation générale du gouvernement dans les territoires occupés
FFL	Forces Françaises Libres
FTP	Francs-Tireurs et Partisans
LFC	Légion française des combattants
LVF	Légion des volontaires français contre le bolchevisme
MBF	Militärbefehlshaber in Frankreich
MUR	Mouvements unis de Résistance
NAP	Noyautage des administrations publiques
NRF	Nouvelle Revue française
OCM	Organisation civile et militaire
PPF	Parti populaire français
PSF	Parti social français
RNP	Rassemblement national populaire
RSHA	Reichssicherheitshauptamt
SFIO	Section française de l'Internationale ouvrière
SOL	Service d'ordre légionnaire
SPAC	Service de police anticommuniste
SRMAN	Service de répression des menées antinationales
STO	Service du travail obligatoire

Literaturhinweise

Quelleneditionen und Selbstzeugnisse

Abetz, Otto: Das offene Problem. Ein Rückblick auf zwei Jahrzehnte deutscher Frankreichpolitik. Köln 1951.

Bargatzky, Walter: Hôtel Majestic. Ein Deutscher im besetzten Frankreich. Freiburg i. Br. 1987.

Barthélemy, Joseph: Ministre de la Justice, Vichy 1941–1943. Paris 1989.

Baudouin, Paul: Neuf mois au gouvernement. Paris 1948.

Belin, René: Du secrétariat de la CGT au gouvernement de Vichy. Paris 1978.

Benoist-Méchin, Jacques: De la défaite au désastre. Bd. 1: Les Occasions manquées (juillet 1940 – avril 1942). Bd. 2: L'Espoir trahi (avril 1942 – novembre 1942). Paris 1984–85.

Bernanos, Georges: Le Chemin de la Croix des Âmes. Paris 1948. – Neuausg. 1987.

Berthelot, Jean: Sur les rails du pouvoir. Paris 1968.

Bidussa, David / Peschanski, Denis (Hrsg.): La France de Vichy. Archives inédites d'Angelo Tasca. Mailand 1996.

Bloch, Marc: L'Étrange Défaite. Paris 1946. – Tb.-Ausg. 1990. – Dt.: Die seltsame Niederlage. Frankreich 1940. Der Historiker als Zeuge. Frankfurt a. M. 1992.

Bloch-Lainé, François / Gruson, Claude: Hauts Fonctionnaires sous l'Occupation. Paris 1996.

Blum, Léon: Mémoires. La prison, le procès, la déportation. Paris 1955.

Boegner, Philippe: Carnets du pasteur Boegner. Paris 1992.

Bourdet, Claude: L'Aventure incertaine. Paris 1975. – Neuausg. 1997.

Bouthillier, Yves: Le Drame de Vichy. Bd. 2: Finances sous la contrainte. Paris 1951.

Cassou, Jean: La Mémoire courte. Paris 1953.

Debré, Michel: Trois Républiques pour une France. Paris 1984.

Duverger, Maurice: La Situation des fonctionnaires depuis la Révolution de 1940. Paris 1941.

Gaulle, Charles de: Mémoires de guerre. Paris 1954–59. – Tb.-Ausg. 1961–63.

Gaulle, Charles de: Discours et Messages. Bd. 1: Pendant la guerre, juin 1940 – janvier 1946. Paris 1970. – Tb.-Ausg. 1974.
Heller, Gerhard: In einem besetzten Land. NS-Kulturpolitik in Frankreich. Erinnerungen 1940–1944. Köln 1982.
Jünger, Ernst: Strahlungen. Tübingen 1949. – Tb.-Ausg. München 1988.
Limagne, Pierre: Éphémérides de quatre années tragiques. 3 Bde. Paris 1946. – Neuausg. 1987.
Martin du Gard, Maurice: La Chronique de Vichy 1940–1944. Paris 1948.
Monzie, Anatole de: La Saison des juges. Paris 1943.
Moulin de Labarthète, Henri du: Le Temps des illusions. Souvenirs (juillet 40 – avril 1942). Genf 1946.
Nicolle, Pierre: Cinquante mois d'armistice, Vichy 2 juillet 1940 – 26 août 1944. Journal d'un témoin. 2 Bde. Paris 1947.
Ory, Pascal: La France allemande. Paroles du collaborationnisme français (1933–1945). Paris 1977. – Tb.-Ausg. 1995.
Peschanski, Denis (Hrsg.): Vichy 1940–1944. Quaderni e documenti inediti di Angelo Tasca. Archives de guerre d'Angelo Tasca. Paris/Mailand 1986.
Pétain, Philippe: Discours aux Français 17 juin 1940 – 20 août 1944. Collectés et annotés par Jean-Claude Barbas. Paris 1989.
Rémy, Dominique: Les Lois de Vichy. Actes dits »lois« de l'autorité de fait se prétendant »gouvernement de l'État français«. Paris 1992.
Rist, Charles: Une saison gâtée. Journal de la guerre et de l'Occupation 1939–1945. Établi, présenté et annoté par Jean-Noël Jeanneney. Paris 1983.
Le Statut des juifs de Vichy. Documentation. Textes rassemblés et présentés par Serge Klarsfeld. Paris 1990.
Tewes, Ludger: Frankreich in der Besatzungszeit 1940–1943. Die Sicht deutscher Augenzeugen. Bonn 1998.
Trouillé, Pierre: Journal d'un préfet pendant l'Occupation (Corrèze 1944). Paris 1964. – Tb.-Ausg. 1968.
Veillon, Dominique: La Collaboration. Textes et débats. Paris 1984.
Verdeau, Simone: L'Accession des femmes aux fonctions publiques. Thèse de doctorat en droit. Toulouse 1942.
Werth, Léon: Déposition. Journal d'un témoin 1940–1944. Paris 1946. – Neuausg. 1992.

Sekundärliteratur

Abzac-Epezy, Claude d': L'Armée de l'air des années noires. Vichy 1940–1944. Paris 1998.
Added, Serge: Le Théâtre dans les années Vichy. Paris 1992.
Alary, Éric: La Ligne de démarcation. Paris 1996.
Andrieu, Claire: La Banque sous l'Occupation, paradoxes de l'histoire d'une profession. Paris 1990.
Arendt, Hannah: Eichmann in Jerusalem. Ein Bericht von der Banalität des Bösen. München 1964. – Neuausg. 1986.
Aron, Robert: Histoire de Vichy. Paris 1954. – Tb.-Ausg. 1973.
Azéma, Jean-Pierre: De Munich à la Libération. Paris 1979.
– L'Année terrible. Paris 1990. [Zit. als: 1990a.]
– La Milice. In: Vingtième Siècle. Revue d'histoire 28 (1990) S. 83–105. [Zit. als: 1990b.]
– Vichy. In: Winock, Michel (Hrsg.): Histoire de l'extrême droite en France. Paris 1993. S. 191–214.
– / Bédarida, François (Hrsg.): Vichy et les Français. Paris 1992.
– / – (Hrsg.): La France des années noires. 2 Bde. Paris 1993.
– / – (Hrsg.): 1938–1948. Les Années de tourmente. Dictionnaire critique. Paris 1995.
– / Wieviorka, Olivier: Vichy 1940–1944. Paris 1997.
Baruch, Marc Olivier: Servir l'État français. L'administration en France de 1940 à 1944. Paris 1997.
Bédarida, François (Hrsg.): Touvier, Vichy et le crime contre l'humanité. Le dossier de l'accusation. Paris 1996.
Beltran, Alain / Frank, Robert / Rousso, Henry (Hrsg.): La Vie des entreprises sous l'Occupation. Paris 1994.
Berlière, Jean-Marc: Le Monde des polices. France XIXe–XXe siècles. Brüssel 1996.
Bertin-Maghit, Jean-Pierre: Le Cinéma sous l'Occupation. Le monde du cinéma français de 1940 à 1946. Paris 1989.
Bertrand-Dorléac, Laurence: L'Art de la défaite, 1940–1944. Paris 1993.
Birn, Bettina: Die Höheren SS- und Polizeiführer. Himmlers Vertreter im Reich und in den besetzten Gebieten. Düsseldorf 1986.
Böhme, Hermann: Der deutsch-französische Waffenstillstand im Zweiten Weltkrieg. Stuttgart 1966.
Borne, Dominique / Dubief, Henri: La Crise des Années 30. Paris 1989.

Boulanger, Gérard: Maurice Papon. Un technocrate dans la collaboration. Paris 1994.
Brender, Reinhold: Kollaboration in Frankreich im Zweiten Weltkrieg. Marcel Déat und das Rassemblement national populaire. München 1992.
Burrin, Philippe: La Dérive fasciste. Doriot, Déat, Bergery. Paris 1986.
– Hitler et les Juifs. Genèse d'un génocide. Paris 1989. – Tb.-Ausg. 1995. – Dt.: Hitler und die Juden. Die Entscheidung für den Völkermord. Frankfurt a. M. 1993.
– Deutsche Besatzungsherrschaft zwischen Hegemonialpolitik, Ausbeutung und Germanisierung: Das Beispiel Frankreich. In: Norbert Frei / Hermann Kling (Hrsg.): Der nationalsozialistische Krieg. Frankfurt a. M. / New York 1990.
– Vichy. In: Pierre Nora (Hrsg.): Les Lieux de mémoire. Bd. 3: Les France. Bd. 1. Paris 1992. S. 320–345.
– La France à l'heure allemande. Paris 1995.
Carlier, Claude / Martens, Stefan (Hrsg.): La France et l'Allemagne en guerre – Frankreich und Deutschland im Krieg. Septembre 1939 – novembre 1942. Paris 1990.
Cointet, Jean-Paul: La Légion française des combattants 1940–1944. La Tentation du fascisme. Paris 1995.
– Pierre Laval. Paris 1993.
Cointet-Labrousse, Michèle: Vichy et le fascisme. Brüssel 1987.
Comte, Bernard: Une utopie combattante. L'École des cadres d'Uriage 1940–1942. Paris 1991.
Conan, Éric: Sans oublier les enfants. Les camps de Pithiviers et de Beaune-la-Rolande, 19 juillet – 16 septembre 1942. Paris 1991.
– / Rousso, Henry: Vichy, un passé qui ne passe pas. Paris 1994. – Tb.-Ausg. 1996.
Cordier, Daniel: Jean Moulin, l'inconnu du Panthéon. 3 Bde. Paris 1989–93.
– Jean Moulin. La République des catacombes. Paris 1999.
Courtois, Stéphane / Rayski, Adam (Hrsg.): Qui savait quoi? L'extermination des juifs, 1941–1945. Paris 1987.
Crémieux-Brilhac, Jean-Louis: Les Français de l'an 40. Paris 1990.
– La France libre. De l'appel du 18 juin à la Libération. Paris 1996.
Dejonghe, Etienne / Le Maner, Yves: Le Nord-Pas-de-Calais dans la main allemande, 1940–1944. Lille 1999.
Delacor, Regina M. (Hrsg.): Attentate und Repressionen. Die zykli-

sche Eskalation des nationalsozialistischen Terrors im besetzten Frankreich 1941/1942. Stuttgart 2000.
Delperrié de Bayac, Jacques: Histoire de la Milice, 1918–1945. Paris 1969. – Neuausg. 1994.
Dreyfus, François-Georges: Histoire de Vichy. Paris 1990.
Dupeyroux, Olivier: L'Indépendance du Conseil d'État jugeant au contentieux. In: Revue du droit public 3 (1983) S. 565–629.
Duquesne, Jacques: Les catholiques français sous l'Occupation. Paris 1966. – Tb.-Ausg. 1996.
Durand, Yves: Vichy 1940–1944. Paris 1972.
– La Captivité. Histoire des prisonniers de guerre français 1939–1945. Paris 1980.
– Le Nouvel Ordre européen nazi. Brüssel 1990.
– La France dans la Deuxième Guerre mondiale 1939–1945. Paris 1993.
Duroselle, Jean-Baptiste: Politique étrangère de la France. La décadence 1932–1939. Paris 1979. – Tb.-Ausg. 1983.
– Politique étrangère de la France. L'abime 1939–1944. Paris 1982. – Tb.-Ausg. 1990.
Eck, Hélène: Les Françaises sous Vichy, femmes du désastre, citoyennes par le désastre? In: Michelle Perrot / Françoise Thébaut (Hrsg.): Histoire des femmes. Bd. 5. Paris 1991. S. 184–211.
Faure, Christian: Le Projet culturel de Vichy. Folklore et Révolution nationale. Lyon 1989.
Ferro, Marc: Pétain. Paris 1987. – Tb.-Ausg. 1990.
Fouché, Pascal: L'Édition française sous l'Occupation 1940–1944. Paris 1987.
Fouilloux, Étienne: Les chrétiens français entre crise et libération 1937–1947. Paris 1997.
Franz, Corinna: Fernand de Brinon und die deutsch-französischen Beziehungen 1918–1945. Bonn 2000.
Frieser, Karl-Heinz: Blitzkrieg-Legende. Der Westfeldzug 1940. München 1995.
Froment, Pascale: René Bousquet. Paris 1994.
Le Genre humain. Juger sous Vichy. Nr. 28. November 1994.
Le Genre humain. Le droit antisémite de Vichy. Nr. 30–31. Mai 1996.
Gervereau, Laurent / Peschanski, Denis (Hrsg.): La Propagande sous Vichy 1940–1944. Paris 1990.
Girardet, Raoul: Mythes et Mythologies politiques. Paris 1986. – Tb.-Ausg. 1990.

Gordon, Bertram M. (Hrsg.): Historical Dictionary of World War II France. The Occupation, Vichy, and the Resistance, 1938–1946. Westport/London 1998.

Le Gouvernement de Vichy 1940–1942. Institutions et politiques. Paris 1972.

Griffiths, Richard: Marshal Pétain. London 1970. – Neuausg. 1994.

– Pétain et les Français. Paris 1974.

Grynberg, Anne: Les Camps de la honte. Paris 1991. – Tb.-Ausg. 1999.

Guillon, Jean-Marie: La philosophie politique de la Révolution nationale. In: Azéma, Jean-Pierre / Bédarida, François (Hrsg.): Vichy et les Français. Paris 1992. S. 167–183.

Halls, Wilfred D.: The Youth of Vichy France. Oxford 1981. – Frz.: Les Jeunes et la politique de Vichy. Paris 1988.

Hazera, Jean-Claude / Rochebrune, Renaud de: Les Patrons sous l'Occupation. Paris 1995. – Tb.-Ausg. 1997.

Heimsoeth, Hans-Jürgen: Der Zusammenbruch der Dritten Französischen Republik. Frankreich während der »Drôle de Guerre« 1939/1940. Bonn 1990.

Herbert, Ulrich: Best. Biographische Studien über Radikalismus, Weltanschauung und Vernunft 1903–1989. Bonn 1996.

– Die deutsche Militärverwaltung in Paris und die Deportation der französischen Juden. In: U. H. (Hrsg.): Nationalsozialistische Vernichtungspolitik 1933–1945. Neue Forschungen und Kontroversen. Frankfurt a. M. 1998. S. 170–208.

Hilberg, Raul: The destruction of the European jews. Chicago 1961. – Dt.: Die Vernichtung der europäischen Juden. Die Gesamtgeschichte des Holocaust. Berlin 1982. – Tb.-Ausg. Frankfurt a. M. 1990. – Frz.: La Destruction des Juifs d'Europe. Paris 1988. – Tb.-Ausg. 1992.

Hirschfeld, Gerhard / Marsh, Patrick (Hrsg.): Kollaboration in Frankreich. Politik, Wirtschaft und Kultur während der nationalsozialistischen Besatzung 1940–1944. Frankfurt a. M. 1991.

Hoffman, Stanley [u. a.]: A la recherche de la France. Paris 1963.

– Essais sur la France. Déclin ou renouveau? Paris 1974.

– Cinquante ans après. Quelques conclusions essentielles. In: Esprit: Que faire de Vichy? Mai 1992. S. 38–42.

Images de la France de Vichy. La Documentation française. Paris 1988.

Jäckel, Eberhard: Frankreich in Hitlers Europa. Die deutsche Frankreichpolitik im Zweiten Weltkrieg. Stuttgart 1966.
Kaspi, André: Les Juifs pendant l'Occupation. Paris 1991.
Kasten, Bernd: »Gute Franzosen«. Die französische Polizei und die deutsche Besatzungsmacht im besetzten Frankreich 1940–1944. Sigmaringen 1993.
Kedward, Harry R.: Resistance in Vichy France. A study of ideas and motivation in the southern zone 1940–1942. Oxford 1978. – Frz.: Naissance de la Résistance dans la France de Vichy. Seyssel 1989.
Kershaw, Ian: Popular Opinion and Political Dissent in the Third Reich. Bavaria 1933–1945. Oxford 1983. – Frz.: L'Opinion allemande sous le nazisme. Bavière 1933–1945. Paris 1995.
Klarsfeld, Serge: Vichy – Auschwitz: le rôle de Vichy dans la solution finale. 2 Bde. Paris 1983–85. – Dt.: Vichy – Auschwitz. Die Zusammenarbeit der deutschen und französischen Behörden bei der »Endlösung der Judenfrage« in Frankreich. Nördlingen 1989.
– Le Calendrier de la persécution des Juifs en France. Paris 1993.
Knipping, Franz: Frankreich in der Zeit der beiden Weltkriege (1914–1945). In: Hillgruber, Andreas / Dülffer, Jost (Hrsg.): Ploetz. Geschichte der Weltkriege. Freiburg i. Br. 1981. S. 237 ff.
Kowark, Hansjörg: Das Ende der französischen Flotte im Zweiten Weltkrieg. Hamburg 1998.
Krautkrämer, Elmar: Frankreichs Kriegswende 1942. Die Rückwirkungen der alliierten Landung in Nordafrika – Darlan, de Gaulle, Giraud und die royalistische Utopie. Bern [u. a.] 1989.
Kupferman, Fred: Laval. Paris 1987. ²1988.
Laborie, Pierre: L'Opinion publique sous Vichy. Paris 1990.
Lacouture, Jean: De Gaulle. Bd. 1: Le Rebelle. Paris 1984. – Tb.-Ausg. 1990.
Laguerre, Bernard: Les dénaturalisés de Vichy. In: Vingtième Siècle. Revue d'histoire 20 (1988) S. 3–15.
Le Crom, Jean-Pierre: Syndicats nous voilà. Paris 1994.
Léonard, Yves: Salazarisme et fascisme. Paris 1996.
Lochak, Danièle: Les mésaventures du positivisme ou la doctrine sous Vichy. In: D. L. [u. a.] (Hrsg.): Les Usages sociaux du droit. Paris 1989. S. 252–285.
Loth, Wilfried: Geschichte Frankreichs im 20. Jahrhundert. Stuttgart [u. a.] 1987.

Ludewig, Joachim: Der deutsche Rückzug aus Frankreich 1944. Freiburg i. Br. 1994.
Luther, Hans: Der französische Widerstand gegen die deutsche Besatzungsmacht und seine Bekämpfung. Tübingen 1957.
Margairaz, Michel: L'État, les finances et l'économie. Histoire d'une conversion 1932–1952. Paris 1991.
Marrus, Michael / Paxton, Robert: Vichy France and the Jews. New York 1981. – Frz.: Vichy et les Juifs. Paris 1981. – Tb.-Ausg. 1990.
Martens, Stefan: »Drôle de Guerre« – Occupation – Épuration. Frankreich im Zweiten Weltkrieg. In: Neue Politische Literatur 37 (1992) S. 185–213.
– / Vaïsse, Maurice (Hrsg.): La France et l'Allemagne en guerre – Frankreich und Deutschland im Krieg. November 1942 – Herbst 1944. Okkupation, Kollaboration, Résistance. Bonn 2000.
Meyer, Ahlrich (Hrsg.): Repression und Kriegsverbrechen. Die Bekämpfung von Widerstands- und Partisanenbewegungen gegen die deutsche Besatzung in West- und Südeuropa. Berlin [u. a.] 1997.
– (Hrsg.): Der Blick des Besatzers: Propagandaphotographie der Wehrmacht aus Marseille 1942–1944. Vorw. von Serge Klarsfeld. Bremen 1999.
Michel, Henri: Vichy année 40. Paris 1966.
– Pétain, Laval, Darlan, trois politiques? Paris 1972.
Michels, Eckard: Das Deutsche Institut in Paris 1940–1944. Ein Beitrag zu den deutsch-französischen Kulturbeziehungen und zur auswärtigen Kulturpolitik des Dritten Reiches. Stuttgart 1993.
Miller, Gérard: Les pousse-au-jouir du maréchal Pétain. Paris 1975. – Tb.-Ausg. 1988.
Muel-Dreyfus, Françoise: Vichy et l'éternel féminin. Paris 1995.
Neugebauer, Karl Volker: Die deutsche Militärkontrolle im unbesetzten Frankreich 1940–1942. Zum Problem der Sicherung der Südwestflanke von Hitlers Kontinentalimperium. Boppard 1980.
Ory, Pascal: Les Collaborateurs 1940–1945. Paris 1976. – Tb.-Ausg. 1980.
Ose, Dieter: Entscheidung im Westen. Der Oberbefehlshaber West und die Abwehr der alliierten Invasion. Stuttgart 1982.
Paxton, Robert: Vichy France. Old Guard and New Order 1940–1944. New York 1972. – Frz.: La France de Vichy 1940–1944. Paris 1973. – Tb.-Ausg. 1974.

Péan, Pierre: Une jeunesse française. Paris 1994. – Tb.-Ausg. 1995. – Dt.: Eine französische Jugend. François Mitterrand. München 1995.
Peschanski, Denis: Le régime de Vichy a existé. Gouvernants et gouvernés dans la France de Vichy: Juillet 1940 – avril 1942. In: D. P. (Hrsg.): Vichy 1940–1944. Quaderni e documenti inediti di Angelo Tasca. Archives de guerre d'Angelo Tasca. Paris/Mailand 1986.
– Vichy au singulier, Vichy au pluriel. Une tentative avortée d'encadrement de la société (1941–1942). In: Annales économie, société, culture 3 (1988) S. 639–661.
– Les avatars du communisme français de 1939 à 1941. In: Azéma, Jean-Pierre / Bédarida, François (Hrsg.): La France des années noires. Paris 1993. Bd. 1. S. 413–425.
– Vichy 1940–1944. Contrôle et exclusion. Brüssel 1997.
Poznanski, Renée: Les Juifs en France pendant la Seconde Guerre mondiale. Paris 1997.
Rioux, Jean-Pierre (Hrsg.): La Vie culturelle sous Vichy. Brüssel 1990.
Rouban, Luc: La Fonction publique. Paris 1995.
Rouquet, François: L'Épuration dans l'administration française. Agents de l'État et collaboration ordinaire. Paris 1993.
Rousso, Henry: Pétain et la fin de la collaboration. Sigmaringen 1944–1945. Brüssel 1984.
– Le Syndrôme de Vichy 1944 à nos jours. Paris 1990.
– Vivre sous l'Occupation. Paris 1992.
– L'économie: pénurie et modernisation. In: Azéma, Jean-Pierre / Bédarida, François (Hrsg.): La France des années noires. Paris 1993. Bd. 1. S. 427–451.
Royer, Jean-Pierre: Histoire de la justice en France. Paris 1995.
Sadoun, Marc: Les Socialistes sous l'Occupation. Résistance et collaboration. Paris 1982.
Sapiro, Gisèle: La guerre des écrivains 1940–1953. Paris 1999.
Sauvy, Alfred: La Vie économique des Français de 1939 à 1945. Paris 1978.
Schor, Ralph: L'Antisémitisme en France pendant les années trente. Brüssel 1992.
Schwarzer, Reinhard: Vom Sozialisten zum Kollaborateur. Idee und politische Wirklichkeit bei Marcel Déat. Pfaffenweiler 1987.
Semelin, Jacques: Sans armes face à Hitler. La résistance civile en Europe (1939–1943). Paris 1989.

Semelin, Jacques: Qu'est-ce que »résister«? In: Esprit. Januar 1994. S. 50–63.

Simonin, Anne: Les Éditions de Minuit 1942–1955: le devoir d'insoumission. Paris 1994.

Singer, Claude: Vichy, l'Université et les Juifs. Paris 1992. – Tb.-Ausg. 1996.

Stengers, Jean: Léopold III et le gouvernement. Les deux politiques belges de 1940. Brüssel 1980.

Sweets, John F.: Choices in Vichy France. The French under Nazi Occupation. New York 1986.

Umbreit, Hans: Der Militärbefehlshaber in Frankreich 1940–1944. Boppard 1968.

– Der Kampf um die Vormachtstellung in Europa. In: Das Deutsche Reich und der Zweite Weltkrieg. Hrsg. vom Militärgeschichtlichen Forschungsamt. Bd. 2. Stuttgart 1979. S. 235–327.

Veillon, Dominique: Vivre et survivre en France 1939–1947. Paris 1995.

– / Flonneau, Jean-Marie (Hrsg.): Le Temps des restrictions en France 1939–1949. In: Cahiers de l'IHTP. Nr. 32–33. Mai 1996.

– / Wieviorka, Olivier: La Résistance, in: Azéma, Jean-Pierre / Bédarida, François (Hrsg.): La France des années noires. Paris 1993. Bd. 2. S. 65–90.

Verdès-Leroux, Jeannine: Refus et violences. Politique et littérature à l'extrême droite des années trente à la Libération. Paris 1996.

Weber, Wolfram: Die innere Sicherheit im besetzten Belgien und Nordfrankreich 1940–1944. Ein Beitrag zur Geschichte der Besatzungsverwaltungen. Düsseldorf 1978.

Wijngaert, Marc van den: La politique du moindre mal. La politique du Comité des secrétaires généraux en Belgique sous l'occupation allemande 1940-1944. In: Revue du Nord. Nr. 2. Sonderausgabe (1987) S. 63–72.

Weisberg, Richard H.: Vichy Law and the Holocaust in France. Amsterdam [u. a.] 1996.

Wetzel, Juliane: Frankreich und Belgien. In: Wolfgang Benz (Hrsg.): Dimensionen des Völkermordes. Die Zahl der jüdischen Opfer des Nationalsozialismus. München 1991. S. 105–136.

Winock, Michel (Hrsg.): Histoire de l'extrême droite en France. Paris 1993. – Tb.-Ausg. 1994.

Wirsching, Andreas: Vom Weltkrieg zum Bürgerkrieg. Politischer Extremismus in Deutschland und Frankreich 1918–1933/39. Berlin und Paris im Vergleich. München 1999.
Wolf, Dieter: Die Doriot-Bewegung. Ein Beitrag zur Geschichte des französischen Faschismus. Stuttgart 1967.
Zielinski, Bernd: Staatskollaboration. Vichy und der »Arbeitseinsatz« für das Dritte Reich. Münster 1995.

Einige literarische Werke über diese Epoche

Ambrière, Francis: Les Grandes Vacances (1946).
Aragon, Louis: La Diane française (1945).
Bernanos, Georges: Lettres aux Anglais (1942).
Bory, Jean-Louis: Mon village à l'heure allemande (1945).
Calaferte, Louis: C'est la guerre (1993).
Céline, Louis-Ferdinand: D'un château l'autre (1957).
Chaix, Marie: Les Lauriers du lac de Constance (1974).
Curtis, Jean-Louis: Les Forêts de la nuit (1947).
Duras, Marguerite: La Douleur (1985).
Dutourd, Jean: Au bon beurre (1952).
Éluard, Paul: Au rendez-vous allemand (1944).
Genet, Jean: Pompes funèbres (1947).
Guéhenno, Jean: Journal des années noires (1946).
Malraux, André: Oraisons funèbres (1971).
Maspero, François: Le Sourire du chat (1984).
Merle, Robert: Week-end à Zuydcoote (1949).
Modiano, Patrick: La Ronde de nuit (1969).
Simon, Claude: La Route des Flandres (1960).
Vercors: Le Silence de la mer (1942).

Abbildungsnachweis

Namenregister

Nicht berücksichtigt wurden die Namen von Autoren wissenschaftlicher Werke.

Zum Autor

MARC OLIVIER BARUCH, geboren 1957; Ausbildung an der *École polytechnique* und der *École nationale d'administration*, dann in verschiedenen zentralen Verwaltungen des Staates tätig, unter anderem im Erziehungsministerium, im Kulturministerium sowie im Stab des Staatssekretärs des Premierministers.

1996 Promotion zum Doktor der Geschichte mit einer Arbeit über die französische Verwaltung im Zweiten Weltkrieg, die 1997 unter dem Titel *Servir l'État français. L'administration en France de 1940 à 1944* (Paris: Fayard) veröffentlicht wurde. Zur Zeit als wissenschaftlicher Mitarbeiter am *Institut d'histoire du temps présent* (IHTP) tätig; Forschungen über die Arbeits- und Funktionsweise des Staates, insbesondere der Verwaltung, im Frankreich des zwanzigsten Jahrhunderts.